SAINT-MAIXENT, TYP. CH. REVERSÉ.

ROLES
SAINTONGEAIS

SUIVIS DE LA

TABLE ALPHABÉTIQUE GÉNÉRALE

DES NOBLES DES ÉLECTIONS DE SAINTES ET DE SAINT-JEAN-D'ANGÉLY

MAINTENUS PAR D'AGUESSEAU

(1666-1667)

avec l'indication du domicile & des armoiries
de chaque gentilhomme assigné,

DOCUMENTS PUBLIÉS

PAR

M. Th. DE B. A.

« Suâ et avorum virtute clari. »
(NIC. ALAIN, *de Santonum regione
et illustrioribus familiis.*)

NIORT
L. CLOUZOT, LIBRAIRE-ÉDITEUR
RUE DES HALLES, 22
1869

Tiré à 130 exemplaires :

150 sur papier mécanique — 30 sur papier vergé à bras.

Nous n'avons pas le projet de nous livrer à une longue dissertation sur l'ancienne organisation militaire, connue sous les noms de *ban* et d'*arrière-ban*. Le *Traité de la Noblesse*, par La Roque, fournira tous les détails et éclaircissements désirables sur cette institution, et sur les nombreuses modifications qu'elle a subies avant comme après l'établissement des armées régulières et permanentes. La création des compagnies d'ordonnance par Charles VII, qui fut le début et le principe du nouveau système militaire en France, ne porta pourtant pas un coup décisif à l'ancien ordre de choses, et le *ban et arrière-ban* continua de fonctionner longtemps encore, aux XVIe et XVIIe siècles, toutes les fois qu'un grand danger vint à menacer le pays.

En droit, ce mode de recrutement subsista jusqu'à l'époque de la Révolution, et trente ans auparavant, en 1758, nos provinces de l'Ouest étant menacées d'une descente de l'armée anglaise, on vit les *bans* de la Saintonge et du Poitou, convoqués par le roi, répondre à son appel avec le même élan qu'aux temps les plus reculés de la féodalité. Nous croyons que c'est là du reste le dernier exemple que fournisse notre histoire, de l'appel fait à la Noblesse pour le service personnel auquel seule elle était astreinte, car si, à d'autres époques et dans certaines circonstances, il a pu en être autrement, il n'en est pas moins certain que les Nobles étaient alors les seuls qui supportassent régulièrement et en vertu du droit ancien, cette charge si lourde, mais si patriotique, de l'impôt du sang. L'obligation des fiefs, depuis longtemps mutilés et démembrés (1), était passée, par la force des mœurs et de la tradition, aux descendants de leurs premiers possesseurs. C'est ce qui explique et justifie l'exemption de certains impôts dont jouissait le corps de la Noblesse qui ne pouvait payer deux fois — et de sa bourse et de sa personne, — d'autant qu'aux convocations du *ban,* il lui fallait s'équiper et s'armer à ses propres dépens. Toutefois, cette obligation n'existant plus, pour ainsi dire, que légalement et non en fait, et les gentilshommes trouvant une carrière publique et rétribuée dans le service militaire, depuis l'organisation des armées régulières à la charge de l'Etat, une réforme à cet égard était devenue équitable et même indispensable aux yeux de tous. Aussi, les *cahiers* du second ordre, en 1789, furent-ils unanimes à reconnaître qu'il devait renoncer à ses immunités et participer aux impôts dans la même proportion que les autres classes de citoyens.

Un auteur dont le témoignage ne saurait être suspect de complaisance pour l'aristocratie française, M. Buchez, dans son résumé des *cahiers* (*Histoire de l'Assemblée constituante*), l'a reconnu en ces termes : « Ensuite, elle (la Noblesse) renonce à son immunité quant aux impôts; elle accepte sa part des charges publiques. »

La noblesse de la sénéchaussée de Saint-Jean-d'Angély formula ainsi sa déclaration sur ce point, dans son mandat impératif à son représentant : « Ils (les électeurs) lui donnent

---

(1) Nous rappellerons, à ce sujet, que le fief étant, dans le principe, un bénéfice militaire chargé de pourvoir à l'entretien et à la subsistance du défenseur du sol, dut être protégé par la loi féodale contre le morcellement de l'hérédité. Telle fut l'origine vraiment nationale du droit d'aînesse chez les peuples modernes, droit pour lequel on a voulu trouver, depuis, des explications bien moins patriotiques, empruntées à des raisons d'économie sociale et politique à l'usage des nouveaux systèmes constitutionnels.

également pouvoir (à leur député) de substituer aux impôts qui distinguent les Ordres et tendent à les séparer, des subsides qui soient également répartis entre les citoyens de tous les ordres, sans distinction ni priviléges, à raison seulement de leurs propriétés. »

On croit communément que la Noblesse était exempte de toute espèce d'impôt ; c'est une erreur facile à réfuter, même pour les temps les plus reculés de notre histoire. Pour ce qui est du XVIIIe siècle en particulier, on en trouverait la réfutation dans les *Rôles* de la *Capitation*. On sait que cet impôt, qui avait été décrété par Louis XIV, en 1695, s'adressait indistinctement à toutes les classes de citoyens, même à celle des Princes du sang, et qu'il fut prorogé indéfiniment à partir de 1715. Il avait quelque rapport avec la cote personnelle de notre époque, avec cette différence qu'il était en même temps proportionnel au revenu présumé des cotisés. Les Rôles qui en ont été conservés et dont nous publions aujourd'hui plusieurs spécimens (ceux des Elections de Saintes, Cognac, La Rochelle, etc.), offrent un intérêt tout particulier pour l'historique des fiefs et des familles de notre province. On peut observer qu'en général les veuves et les orphelins n'y sont taxés qu'avec beaucoup d'indulgence et de ménagement.

Sous ce titre : *Rôles Saintongeais*, nous donnerons les pièces suivantes qui sont inédites et peu connues, savoir :

1° *La monstre des gendarmes de Renaud de Pons, du 26 mars* 1350.

C'est un exemple fort curieux de l'*arrière-ban*. Ceux qui ont étudié l'histoire de nos anciennes milices, savent que, bien que confondus plus tard, le *ban* et l'*arrière-ban* étaient dans le principe entièrement distincts ; le ban ne comprenait que les principaux vassaux ou bannerets, tandis que l'arrière-ban s'adressait aux possesseurs des arrière-fiefs. Cette distinction est fort bien établie par le Rôle dont il est ici question, si nous le comparons à celui donné par La Roque, pour la même année 1350, sous ce titre : *Les noms des barons et bannerez, chevaliers à qui fut escript par le roy pour venir à son mandement.... par ses lettres closes données le 23e jour d'aoust, l'an* 1350. La liste de ces noms se borne au nombre sept pour la province de Xaintonge :

« Le sire de Parthenay ;
Le sire de Montendre ;
Régnaut de Pons ;
Le vicomte d'Aunay ;
Jean-le-Maingre, dit Boucicaut ;
Le sire de Tours (1) ;
Le sire de Surgières. »

Or, quel que pût être le nombre des omissions, il est par trop évident que la convocation pour une province comme la Saintonge, ne pouvait pas se borner à un personnel aussi restreint, s'il eût été question de toute la chevalerie de la contrée. D'ailleurs, le titre indique suffisamment que le roi ne s'adressait dans cette *semonce* qu'aux bannerets qui devaient de leur côté convoquer tous les auxiliaires de leurs mouvances. C'est ainsi que Renaud de Pons, compris dans le nombre de ces sept bannerets convoqués directement par le roi, avait lui-même sous ses ordres une troupe de 35 gendarmes. Nous publions cette liste, ainsi que celles qui la suivent, avec des notes sur les personnages qui les composent et sur leurs armoiries, notes que nous avons puisées aux sources les plus authentiques.

2° *Le ban de la sénéchaussée de Xainctonge, du* 10 *juin* 1553.

Henri II était alors au plus fort de sa lutte avec Charles-Quint. Ce dernier dont les armes avaient été humiliées devant Metz, vaillamment défendue par le duc François de Guise, venait de faire mettre le siége devant Thérouanne et le faisait poursuivre avec acharnement depuis le mois d'avril, pour réparer un récent affront. On sait que cette place, malgré l'héroïque défense du brave d'Essé (André de Montalembert), fut obligée de se rendre après la mort de cet intrépide capitaine, le 20 juin 1553. Telles étaient les circonstances pressantes au milieu desquelles le roi de France fit appel à sa Noblesse et convoqua le ban de la province de Saintonge. Ce Rôle, malheu-

---

(1) Peut-être pour Thouars qui aura été mal écrit ?

reusement incomplet, est néanmoins très-précieux à cause de son agencement qui nous révèle et nous transmet une sorte de hiérarchie entre les principaux possesseurs de fiefs alors convoqués, et ceux qui sont désignés comme leurs *aydès*.

3° Deux Rôles (dont l'un fort incomplet) *de la compagnie des Gendarmes du duc d'Epernon*, 1616.

Il ne s'agit plus ici du ban et de l'arrière-ban, mais d'une troupe régulière. Cette liste contient naturellement un grand nombre de noms gascons, Jean-Louis de La Valette ayant employé dans sa gendarmerie plusieurs de ses *compagnons* des pays de Guyenne et Languedoc. C'est ce qui a rendu plus difficiles pour nous, les annotations sur les personnages de cette double liste et sur leurs familles. Ces Rôles ont été retrouvés dans les archives de la maison de Verdelin, à laquelle appartenait Jacques de Verdelin, sgr d'Orlac en Saintonge, qui fut longtemps enseigne de cette compagnie, et lié d'étroite amitié avec le duc d'Epernon, comme on le voit par les nombreuses lettres que lui adressa celui-ci, et que nous espérons pouvoir publier plus tard, dans l'intérêt bien compris de notre histoire provinciale (1). Nous n'apprendrons rien à personne en rappelant ici que les *Gendarmes* étaient alors tous gentilshommes et que chacun d'eux avait une suite composée de cinq serviteurs appelés *aydes* ou *suivants*, ce qui portait une compagnie de cent *maîtres* à six cents hommes d'effectif.

4° *La capitation de la Noblesse et des Privilégiés* des Elections de Saintes (1750 et 1751); de Cognac (1745); de La Rochelle (1750); de Saint-Jean-d'Angély (1750); de Marennes (1750) et de Barbezieux (1762). Nous en avons déjà parlé plus haut. Ces rôles fourniront l'état de la Noblesse et de la haute Bourgeoisie de notre province au xvIII^e siècle (2). Le lecteur pourra

---

(1) Ce recueil a été en effet publié dans la *Revue d'Aunis et de Saintonge* (voir numéros de novembre et décembre 1866).

(2) Le Rôle de l'Election de Saintes (pour la Noblesse seulement) faisait partie de notre collection. Les autres provenant d'une copie faite par un expéditionnaire, nous ne pouvons prendre à notre charge l'affirmation complète de leur stricte fidélité.

juger de la diversité des noms de cette époque et de ceux du Rôle de 1553. Dans cette longue période de deux siècles, les guerres civiles et nationales avaient eu le temps de moissonner bien des races antiques, disparues et remplacées.

Nous n'avons pas cru devoir donner les armoiries des familles, pour cette époque si rapprochée de celle de 1789 ; c'eût été répéter et copier le livre si complet de M. de La Morinerie : *la Noblesse de Saintonge et d'Aunis aux Etats-Généraux.* Nous n'avons fait d'exception que pour quelques blasons qui ne pouvaient être mentionnés dans cet excellent ouvrage auquel nous renverrons le lecteur pour la partie héraldique de ces dernières annotations.

5° Enfin, pour rendre aussi complet que possible cet opuscule, nous avons joint aux Rôles ci-dessus la liste des Nobles *maintenus* par d'Aguesseau en 1667. Cette liste offrira aux familles encore représentées, un intérêt tout particulier, sur lequel il serait superflu d'insister.

Qu'il nous soit permis de ne pas clore cette introduction, sans rendre un public hommage à l'obligeant empressement avec lequel nous avons été secondé dans nos recherches, par M. de La Morinerie, qui a bien voulu mettre à notre disposition quelques-unes de ses précieuses notes sur les familles de notre province, et par M. Meschinet de Richemont, archiviste de la Charente-Inférieure, à qui nous devons la communication de la plupart des Rôles de capitation que nous offrons aujourd'hui au public, dans l'espoir que ce genre de preuves paraîtra nouveau et sera favorablement accueilli.

V. n. r. d., 1865.

TH. DE B. A.

ROLES SAINTONGEAIS

I.

(1350)

Monstre des Gendarmes sous la conduite de Messire Renaud de Pons, sgr de Montfort, laquelle fut reçue le 26 mars 1350.

(Extrait de la chambre des comptes de Paris.)

Ledit messire RENAUD de PONS.

Renaud V, sire de Pons, seigneur de Montfort, tué avec son père à la bataille de Poitiers, 1356, avait pris une part très-active aux guerres de cette époque contre les Anglais. Il était fils de Renaud IV, vicomte de Turenne, de Carlat et de Blaye, et de Jeanne d'Albret, et épousa N. de Flotte, fille de Guillaume de Flotte, seigneur de Plassac, chancelier de France, et d'Elips de Mello. Son fils, Renaud VI, fut un des guerriers les plus célèbres du xive siècle (Courcelles).

Les anciens sires de Pons en Saintonge portaient : *d'argent, à la fasce bandée d'or et de gueules de six pièces.*

Messire ACHARD de POULIGNAC, *chevalier.*

Achard de Polignac, premier du nom, qui se distingua dans les guerres de Poitou et de Saintonge contre les Anglais, sous Jean, duc de Berri, frère du roi Charles V; il épousa Jeanne de Sallebruch, dame d'Ecoyeux et de Vénérand. On le suppose sorti des premiers vicomtes de Polignac en Auvergne, dont sa postérité retint d'ailleurs les armes : *Fascé d'argent et de gueules de six pièces.*

Lainé *(Nobiliaire de La Rochelle)* prétend que le sceau de cet Achard de Poulignac était : *écartelé aux 1 et 4 chargés d'un lion;*

aux 2 et 3 chargés d'un filet en barre, et que ce n'est que plus tard que cette famille de Poulignac prît les armes des Polignac du Velay, tandis que son nom patronymique aurait été *Senebrun*. Il est à croire que Lainé confond ici *Senebrun* avec *Sallebruch*, nom de la femme d'Achard de Poulignac?

MESSIRE GIEUFROI LE DENT (ou LADAM), *chevalier*.

LE SEIGNEUR DE TANERAC, *chevalier*.

LE SEIGNEUR DU PUY-VIGIER, *chevalier, et un écuyer*.

MESSIRE JEHAN DESMIER, *chevalier, et un écuyer*.

Jean Desmièr, seigneur de l'Obroire, qui ajouta quatre fleurs de lis aux armoiries primitives de sa famille, par suite d'une concession du roi Jean, en reconnaissance des signalés services qu'il rendit à ce prince dans sa lutte contre l'Angleterre. Il épousa Jeanne Chenin, et fut l'auteur commun de MM. Desmier d'Archiac et de Chenon, qui existent de nos jours.

Desmier: *Ecartelé d'azur et d'argent, à 4 fleurs de lis de l'un en l'autre*.

MESSIRE FOUCAULT D'ARCHIAC, *chevalier*.

Peut-être Foucauld d'Archiac, seigneur d'Availles-Limousine, marié à Létice de la Marche. Il était de l'antique maison des seigneurs d'Archiac, en Saintonge (1), fondue en celle des Desmier de Saint-Simon, au XVIIe siècle, et qui portait: *De gueules, à deux pals de vair, au chef d'or*.

MESSIRE FOUCAULT D'ARCHIAC, *chevalier, s^r de Saint-Seurin*.

De la même maison que le précédent.

MESSIRE HUMBERT (ou ROMBERG) GOMBAULT, *chevalier*.

Sans doute de l'ancienne famille des Gombaud de Champfleuri et de Briaignes, en Saintonge, éteinte depuis longtemps, et qui portait : *d'azur, à 4 pals d'argent*.

MESSIRE PIERRE DE LA FERRIÈRE, *chevalier*.

La seigneurie de la Ferrière, en Saintonge, paraît avoir appar-

---

(1) Archiac, chef-lieu de canton, arrondissement de Jonzac,

tenu à la famille Guignaudeau, qui l'a transmise à la maison de Comminges par le mariage (vers 1560) de Gaspard de Comminges avec Anne de Guignaudeau, dame de la Ferrièrre; mais on ignore qui possédait ce fief et pouvait en porter le nom en 1350. Les Guignaudeau furent aussi sgrs de Burie.

Messire BEROUARD (peut-être GIRARD) de FERRIÈRE, *chevalier.*

Etait-il de la famille saintongeaise de Ferrière de Fargues, paroisse de Saint-Martial, élection de Saintes, qui portait : *écartelé d'azur, à la bande d'or; et d'argent, à trois chevrons de gueules?*

Messire GEOFFROY de ROSSILLON, *chevalier, et un écuyer.*

Roussillon, commune de Saint-Germain du Seudre, canton de Saint-Genis, devait appartenir, au xive siècle, à la maison de Mortagne. Ce fief passa plus tard à la famille de Blois, par le mariage de Jean de Blois avec Isabeau (aliàs Marie) de Mortaigne, dame de Saint-Germain du Seudre, vers 1510.

Messire GEOFFROY de BEAUMONT, *chevalier, et un écuyer.*

Geoffroy de Beaumont, 2e du nom, sgr de Rioux, de Cravant etc., marié à Marguerite de Didonne, des anciens sgrs de Didonne, de Tonnay-Charente et de Montendre, qualifiés *Princes* de Didonne, fille de Guibert de Didonne, sgr de Rioux, et de Philippe d'Ambleville. — Il était petit fils de Renaud de Beaumont, chevalier, sgr de Rioux, Cravant, Chastenet et la Malterrière en Saintonge, vivant en 1302, lequel vint s'établir en cette province par suite de la donation à lui faite par le roi Philippe-le-Bel, des terres de Rioux et de Cravant confisquées sur les anciens sgrs de la maison de Didonne. Ce Renaud de Beaumont, chef de ceux de ce nom établis en Saintonge, paraît issu des sgrs de Beaumont-sur-Oise dont sa descendance a d'ailleurs porté constamment les armes : *d'argent, au lion de gueules, armé, lampassé et couronné d'or.*

Messire GUILLAUME AYMERY, *chevalier.*

Peut-être des Aymeric de Paluel et de Cherval, qui portaient: *d'azur, au dextrochère de carnation, armé d'une épée d'argent en pal, mouvant du côté senestre de la pointe.*

MESSIRE PIERRE DAVID, *chevalier*.

Sans doute des David, sgrs de Puividal, en Angoumois, et de Lastours, en Limousin, d'une très-ancienne maison représentée encore de nos jours, notamment par dame Caroline David de Lastours des Etangs, mariée, en 1835, au vicomte Arthur de la Guéronnière, aujourd'hui sénateur. Armes : *d'or, à 3 coquilles de Saint-Jacques de sinople.*

HÉLIOT BREMOND, *escuyer*.

Helye Bremond, aliàs Bermond, eut commission du maréchal d'Audenehem de faire les montre et revue de la compagnie de gens d'armes de Poncet Bouchard, et en cette qualité, écrivit au receveur de Saintonge, une lettre au bas de laquelle on voit son sceau en cire rouge chargé *d'une aigle au vol abaissé*. Helye fut aussi du nombre des chevaliers d'Angoumois qui firent en août 1363, serment de fidélité au prince de Galles, devenu seigneur de cette province par le traité de Brétigny.

Bremond d'Ars, d'Orlac, de Balanzac, barons de Montmoreau, etc., *d'azur, à l'aigle éployée d'or, au vol abaissé, languée de gueules*.

JEHAN L'ARCHEVESQUE, *escuyer*.

Jean de Parthenay-l'Archevêque, seigneur de Parthenay, Vouvant, Mervant, etc., gouverneur de Saintes en 1330, adversaire zélé des Anglais, fait prisonnier avec le roi Jean, à la bataille de Poitiers, mort en 1359, avait épousé Marie de Beaujeu.

Parthenay : *burelé d'argent et d'azur, à la cotice de gueules brochant sur le tout.*

MESNARD DE TERNAC, *escuyer*.

RENAUD VIGIER, *escuyer*.

Cette très-ancienne maison, originaire de l'Angoumois et répandue dans les provinces de Poitou, Saintonge, Périgord, etc., y a formé les différentes branches de Rouffiac, de Saint-Georges-de-Chermans, de Saint-Germain-de-Juignac, de Lûchet, de Massac, de Lacour de Brossac, etc. Elle ne doit pas être confondue avec la famille des Vigier de Treillebois, aussi en Saintonge, mais qui portaient des armes toutes différentes. — Vigier de Rouffiac: *d'azur, à trois fasces d'argent;* Vigier de Treillebois en Arvert, des Rabainières, de la Vigerie, la Rigaudière, la Lardière, etc.: *d'azur, à une croix ancrée d'argent.* Cette dernière famille, peut-être aussi ancienne que la première, a fourni des illustrations maritimes de premier ordre.

Monsieur de Vigier, habitant le château de Montesquieu, près Mézin (Lot-et-Garonne), porte les armoiries des Vigier de Rouffiac, circonstance qui donne à soupçonner que cette antique famille ne serait pas éteinte, comme semble l'indiquer Léon de Beaumont, évêque de Saintes, dans la filiation qu'il en a fournie.

ARCHAMBAUD DE LA ROCHE, *escuyer*, (OU DE LA ROQUE).

La Rochebeaucourt?

CHARLES D'ALLEF, *escuyer*.

Faut-il lire d'Alès? Il serait alors frère de Jehan D'Alès rapporté plus bas, et de la branche de Corbet en Touraine. (Voir La Chenaye, généalogie d'Alès, t. 1er, p. 163.) D'Alès de Saint-Christophe, de Corbet, etc.: *de gueules, à la fasce d'argent chargée de 3 merlettes du champ.*

ROGERIN TREGEL, *escuyer*.

LE BASQUIN DE REUSSONNES, (aliàs BEUSSOGNIER), *escuyer*.

BARDON DE BEDESON, *escuyer*.

GUILLOT BOUSQUIN, *escuyer*.

HÉLIOT VIGIER, *escuyer*.

Probablement de la même famille que Renaud Vigier cité plus haut.

GUILLAUME JEHAN, *escuyer*.

Sans doute des Jehan de Preissac, de la Raymondie, de Jauvelle, etc., qui portent: *d'azur, au chevron d'or, accompagné en chef de deux fleurs de lis d'or, et en pointe de trois besans d'argent mal ordonnés.* — Famille qui compte encore des représentants, de nos jours, entre autres, madame Ferdinand de Galard-Béarn, née de Jehan de Jauvelle.

BARDON DE SENNETERRE, *escuyer*.

Saint-Nectaire: *d'azur, à 5 fusées d'argent, posées en fasce.*

Guillot de PUY-VIGIER, *escuyer*.

Héliot d'ORVIGNACT, (peut-être OVIGNAC ou ORIGNAC), *escuyer*.

Orignac, commune de Saint-Ciers du Taillon, canton de Mirambeau (Charente-Inférieure), appartenait encore, en 1343, à Ithier d'Orignac, de l'ancienne famille de ce nom. Plus tard, dès 1398, cette seigneurie était déjà passée aux Leforestier, qui sont représentés de nos jours, et qui portent: *d'argent, au lion de gueules, couronné d'or*. La maintenue d'Aguesseau (1667) dit: *le lion de gueules, armé, lampassé et couronné de même*.

Jeannot LADANT (ou LEDENT), *escuyer*.

Guillot BRUN, *escuyer*.

Il existait autrefois en Saintonge, une famille de ce nom, dont étaient les seigneurs de Laleigne et du Magnou. Nous ignorons s'ils étaient de même origine que les Brun de la Valade qui portaient: *d'or, à la croix de gueules*.

Annequin de COLOUGNE (ou COULOIGNE), *escuyer*.

Serait-ce Collongnes ou Coulonges, de Piégut et de Bourdeix: *d'azur, à 3 tours d'argent?*

Jehan d'ALÈS, *escuyer*.

Supposé frère de *Charles d'Alef*, cité plus haut.

Jehan de la MARQUE (peut être de la MARCHE), *escuyer*.

Le Neveu CARLES, *escuyer*.

Serait-ce un membre de la famille de Carles de Trajet et de Roquette, en Bordelais et Bazadais, qui porte: *Écartelé, aux 1 et 4, d'azur, à l'aigle au vol abaissé d'or; au 2, d'or, au lion naissant et mouvant de la pointe, la tête couronnée de gueules; au 3, d'argent, à la molette d'éperon de sable?* Famille représentée, mais qui ne paraît établie en Guyenne que vers le commencement du xve siècle.

II.

(1553)

Extraict du greffe de la sénéchaussée de Xainctonge, du dixiesme jour de juing mil cinq cent cinquante-trois.

ARCHIERS

I. — JEHAN VIGIER, sr de la *Rigaudière* (a), *qui a fait le sermant de servir le roy en estat d'archier, avec les aides des*

SEIGNEUR D'AGONAY (b),
SEIGNEUR DE POUIGNES (c).
JOACHIM DE GASCONNOILLE, sgr de la Taillée et partie de Vendré (d),
JEHANNE DE LEZAY, dame d'Agonnay.

(a) La Rigaudière, en Saint-Hippolyte de Biard, canton de Tonnay-Charente, car on trouve Catherine Vigier, mariée à Pierre de la Rochefoucauld, sgr du Parc d'Archiac, dont elle aurait été la première femme et auquel elle aura apporté cette sgrie de la Rigaudière. Elle était probablement fille de Jehan Vigier dont il est ici question, et qui appartenait à la famille des Vigier de Treillebois dont nous avons déjà donné les armes (suprà).

(b) Agonnay, commune du canton de Saint-Savinien. Cette sgrie appartenait alors aux enfants de feu Charles Goumard, mort avant 1530, et de Jehanne de Lezay, cette dernière, fille de Jean de Lezay, ive du nom, sgr des Marais, et d'Anne de Pelis.

(c) Sans doute Jean Goumard, sgr de Pougnes, père de Robert Goumard, sgr de Pougnes et de la Sausaye, marié à Louise Poussard dont une fille: Elisabeth Goumard, dame de Pougnes et de la Sausaye, mariée, 1597, à François de la Rochefoucauld, sgr du Parc d'Archiac et de la Rigaudière.

(*d*) Probablement fils de Jean de Gascougnolles, écuyer, sgr de la Taillée, et de Catherine Poussard, dame en partie du Bas-Vandré. — La Taillée, commune d'Echiré près Niort (Deux-Sèvres). — Vandré, commune du canton de Surgères, arrondissement de Rochefort.

II. — BASTIEN GUITON, *sgr de Longchamp* (*a*), *avec l'aide de*

GEOFFROY D'AYDIE, sgr de Guitignières (*b*).

(*a*) Sébastien Guiton, sgr de Longchamp, fils d'Aimery Guiton et d'Isabeau Bouchard d'Aubeterre, marié à Charlotte de Sainte-Maure, fille de Philippe, sgr de Chaux et de Saint-Germain, et de Catherine de Lannes; dont il eut : Jean Guiton, marié à Elisabeth Goumard. Cette famille s'est éteinte dans les mâles en la personne de Léon-Honoré de Guiton, marquis de Maulevrier, marié à Sophie-Louise-Emmanuelle de Bremond de Vernoux, et n'était plus représentée, de nos jours, que par sa sœur, Mademoiselle Hortense de Maulevrier, morte dernièrement à Rohan-Rohan. — Guiton de Longchamp, de Saint-Brice, de Maulevrier, d'Agonnay, etc. : *d'argent, à l'aigle de sable, becquée et onglée de même*. — L'une des 25 familles citées par Alain.

(*b*) Geoffroy d'Aydie, fils d'Odet d'Aydie et d'Anne de Pons, vicomtesse de Ribérac, fut sgr de Guitinières et perdit la vie à la bataille de Jarnac (1569) dans les rangs de l'armée protestante. — Guitinières, commune du canton de Jonzac. — D'Aydie : *de gueules, à 4 lapins d'argent courant l'un sur l'autre*. — Geoffroy d'Aydie épousa Cécile de Rodarel de Fressinet.

III. — ANNET GRAND, *sgr du Plessis* (*a*), *en sa personne, qui a fait le serment de fidélité de servir le roy en estat d'archier avec ses aydes :*

ARTHUS GRAND, sr de Lussolières;
GEORGES DE CHASTEAUNEUF, sgr de Lombarde (*b*);
FRANÇOIS MONDIN;
YVON DE THURY, sgr du Treuil (*c*),
SAVENIEN RICHARD, sgr d'Ambelle;
ROCQ MATHIEU, sr de Beaulieu (*d*);

JACQUES ROCHIER, sgr de Fontaines et Mesré (e);
CASTELLIN CHASTIGNIER, sgr de Belleneuille;
ARTHEMY DE CRUC, pour le sr DE BOISSEC et ses frères.

(a) Grand de Luxollières et de Bellussières, famille représentée en Périgord : *d'azur, à trois serpents volants d'argent, posés l'un sur l'autre.*

(b) Sans doute Georges de Châteauneuf, marié, le 12 février 1552, à Françoise d'Orgeron. — Châteauneuf de Lombarde, de Chantoiseau, etc. : *d'azur, à la tour d'argent, maçonnée de sable et cimée de trois autres tours du même.*

(c) Yvon de Thury, marié, le 14 octobre 1500, à Jeanne de la Fosse. Des Thury, sgrs de Ternant près Saint-Jean-d'Angély, qui portaient........

(d) Des Mathieu de Jagonnas qui ont été possessionnés en Saintonge et qui sont encore représentés; ils étaient sgrs de Beaulieu, paroisse de Thain. — Armes : *d'azur, à trois poissons vifs d'argent, 2 et 1.*

(e) Était-ce Jacques Rochier, marié à Jeanne Richardeau, en 1536, ou *Jacques*, son fils, marié à Michelette de Cumont? Rochier, sgrs de la Fontaine, paroisse de Néré près d'Aunay, portaient : *d'argent, au rocher de sable accompagné d'un lion de gueules à dextre, et d'un sauvage* (sans doute de carnation) *à senestre.* (M. d'A.). Lainé donne (*Nobiliaire de La Rochelle*) : *fascé d'argent et de gueules de 8 pièces.*

IV. — **ARNAUD VIGIER**, *sgr de Chasteaucouvert* (a), *en sa personne, avec les aides de :*

CHARLES GRAND, sgr de Massac (b);
Le seigneur D'AUTHON (c);
La dame DE BRESNEAU. *FREJNEAU ?*

(a) Châteaucouvert, situé commune de Migron, canton de Burie, a appartenu, depuis, à la famille de Céris et en dernier lieu, à celle de La Laurencie.

(b) Massac, commune du canton de Matha, près Saint-Jean-d'Angély. Cette sgrie passa plus tard dans la famille Vigier par le mariage, en 1593, de Marie Grand, dame de Massac, et sans doute petite fille de Charles Grand dont il est ici question, avec Jean Vigier, sgr de Ségeville. Leur arrièrepetite-fille, Suzanne Vigier, porta Massac à son mari Geoffroy de Blois, sgr de Roussillon, qu'elle épousa le 22 octobre 1709. Cette terre fut vendue par Madame de Bigot, née de Blois, petite fille de Suzanne Vigier.

(c) Authon, commune du canton de Saint-Hilaire, près Saint-Jean-d'Angély. Cette baronnie appartenait peut-être encore à Antoine d'Authon, vivant en 1520, et convoqué à la réformation de la coutume de Saint-Jean-d'Angély ?

V. — JEHAN DES HALLES, *sgr des Granges et de Bouinessac ? (Bournessac ?) avec les aydes de :*

JEHAN DU CHESNE, s^r du Cluzeau ;
LOYS DU CHESNE, s^r de Forgettes (a) ;
GILLES DU CHESNE, s^r de Chastenet.

(a) Sans doute Forgettes près Saint-Savinien, qui a, depuis, appartenu à la famille de Ponthieu, et où réside aujourd'hui M. Desprez d'Ambreuil. — Le Cluzeau, commune d'Haimps, canton de Matha, est passé plus tard à la famille Gaudin de Ternan. — On trouve, vers cette époque, Louis du Chesne, écuyer, sgr du Cluseau, marié à Jeanne Germain.

VI. — JEHAN DE MONTALEMBERT, *sgr de Coullonges* (a), *aydes :*

Le s^r DE JUSSAS (1) ;
JACQUES DE LASTRE, s^r de Mallemont (b) ;
PIERRE DU BOURDEAU, sgr de Pongenain ;
La vefve du sgr DE BUENEL ;
SALOMON DE MONTALEMBERT, sgr de Granzay (c).

(a) Jean de Montalembert, chevalier, sgr de Coulonges, et de Varaize en partie, marié, vers 1520, à Jeanne de la Chambre. Armes : *d'argent, à la croix ancrée de sable.*

(b) Sans doute fils de Louis de Lastre, écuyer, sgr du Bouchereau, et de Marie Turpin, fille elle-même d'Antoine Turpin, écuyer, sgr de la Bataille, Ardilleux, Sérigné, etc., et de Françoise Ancelon (alias Marlon). — De Lastre du Bouchereau en Macqueville, portait : *d'azur, à 3 tours d'argent, maçonnées de sable 2 et 1.*

---

(1) Devait être alors un Bonnevin.

(c) Salomon de Montalembert, écuyer, sgr de Granzay, fils de *Pierre*, sgr de Granzay, maréchal-des-logis du duc d'Orléans, et de Marguerite de Beauvilliers, ne paraît pas s'être marié.

VII. — JEHAN CHESNEL, s^r de Bellevau (a) *qui a fait le serment de fidélité pour servir le roy en estat d'archier avec ses aydes :*

ALLAIN DE LA TOUSCHE, s^r de Chillac (b) ;
LE S^r DES ORMAYES en.....

(a) Chesnel de Meux, d'Ecoyeux, de Château-Chesnel, etc. : *d'argent, à 3 branches de chêne de sinople.*

(b) Alain de la Tousche, écuyer, sgr de Chillac, marié le 8 mai 1525, à Marguerite de Cossé. — Chillac, commune du canton de Brossac, arrondissement de Barbezieux. — La Tousche : *d'or, au lion de sable, armé, couronné et lampassé de gueules.*

VIII. — JEHAN DE GUINANSON, *escuier, s^r de la Brousse* (a), *aydes :*

LA DAME DE CHASTELARS (b) ;
LE S^r DE BANCHEREAU, (1) ;
LE S^r DE THÉON DE BREUILLET (c) ;
LE S^r DE LUCHET (d).

(a) Peut-être Jean de Guinanson, marié à Marie de Rabaine. Armes : *d'argent, à trois renards effarés d'argent, armés et lampassés de gueules.*

(b) La terre de Chastelars devait appartenir encore, à cette époque, aux du Gua de Mons et de la Rochebreuillet, qui portaient : *d'argent, à trois chevrons de gueules.* — Peut-être aux Queu ?

(c) Probablement François du Gua, sgr de la Rochebreuillet, marié à Françoise de Montgaillard. — Théon est situé dans la commune de Breuillet près Royan. — Pouvait aussi être un du Breuil de Théon ?

(d) Est-ce François de Luchet, marié à Marguerite du Gua ?

(1) Devait être un Saint-Martin ?

— Est-ce Jean Vigier, sgr de Luchet, marié en 1559, à Claire de Beaumont d'Usseau ? — L'ancienne maison de Luchet portait : *d'argent, au lion couronné de gueules.*

IX. — JEHAN LE FOURESTIER, *sgr d'Orignac (a), aydes :*

FRANÇOIS DU BREUIL, sr de Fontreaux (*b*) ;
FRANÇOIS GOMBAUD, sr de Thansac (*c*) ;
JEHAN D'IZAVE, sgr de Seignac (*d*) ;
PIERRE CADOT, escuier ;
MARQUISE DE MONTFREMY, dame des Chaminées (*e*) ;

(*a*) Jean Le Fourestier, marié à Jeanne de Saint-Martin, dont une fille, Marie Le Forestier, dame d'Orignac, qui porta cette terre à son mari, René de Saint-Légier, sgr de Boisrond, en 1578. Armes : ut suprà. (v. Orignac).

(*b*) Sans doute François du Breuil, marié à Marie Desmier. — Fontreau, situé en la commune de Saint-Genis de Saintonge, est resté longtemps dans la famille du Breuil et appartient aujourd'hui à M. le marquis de Dampierre. — Du Breuil de Fontreau : *d'azur, à la bande d'argent.*

(*c*) Est-ce un Gombaud de Champfleury, du Fresne, de Briaigne etc.. ou un Gombaud de Villars-Couret? Ces derniers portaient: *d'azur, au chevron d'argent, accompagné de trois étoiles de....* Tansac est une commune du canton de Gemozac.

(*d*) Seugnac près Pons.— Izave, ancienne famille Saintongeaise, éteinte depuis longtemps, et qui a possédé les seigneuries d'Orlac, d'Orignac en partie, etc.

(*e*) Probablement les *Cheminées* près Pons. — Montfremy, sgrs de la Barre, de la Mothe-en-Saint-André-de-Lidon, etc. portaient : *d'azur, au lion d'or, armé de sable, accompagné de 3 étoiles d'argent en chef.*

X. — JEHAN GOYET, *escuier, sgr de la Ferrière, avec ses aydes :*

Le sgr DE THAINS (*a*) ;
Le sgr DE LA MOTHE SAINT-ANDRÉ (*b*) ;
FRANÇOIS JOUBERT, sgr des Pibles (*c*) ;
JASPARD GAILLARD, demeurant en la chastelanie de Montendre (*d*) ;
Le sgr DE PONTSOREAU ;
Le sgr DE CHAZELLES.

(*a*) Thaims, commune du canton de Gemozac.

(*b*) Sans doute de la famille de Montfrémy citée plus haut, qui possédait la seigneurie de la Mothe en la paroisse de Saint-André-de-Lidon (canton de Gemozac).

(*c*) Joubert de Saint-Christophe, paroisse de Réteau, portait : *d'azur, à deux fers de pique d'argent mis en barre, au franc quartier de gueules, à une aigle éployée d'or.*

(*d*) Peut-être des Gaillard de Saint-Dizant-du-Bois, qui portaient : *d'azur, à la fasce d'or, surmontée d'un chevron de même en chef.*

XI. — FRANÇOIS ROBERT, *escuier, sgr de Rouméfort, avec ses aydes :*

FRANÇOIS VIDAUT, sgr de Courpeteau (*a*) ;
JEHAN HORRY, sgr de Conys (*b*) ; Contré ! Voir XX.
Le sgr DU PONT DE CRESSÉ ;
Le sgr DU BREUIL-MARMAUD (*c*) ;
JACQUES POCAYRE, le jeune (*d*) ;
JEHAN GRIMARD, sgr de Sainte-Leuyyne. — r v n e

(*a*) Vidaut : *d'azur, tranglé d'or, à 3 fleurs de lis en chef et un lion passant de même en pointe.* — Courpeteau en la commune de Saint-Pierre-de-Juillers, près Saint-Jean-d'Angély (canton d'Aunay).

(*b*) Horry ou Horric : *d'azur, à 3 fermaux d'or.* Famille représentée actuellement par MM. Horric de la Rochetolay.

(*c*) Le Breuil-Marmaud, en la commune de Saint-Martin-de-Juillers (canton d'Aunay), a longtemps appartenu à la maison de Turpin de Jouhé, et lui provenait du mariage d'Antoine Turpin, sgr d'Ardilleux, de la Bataille, de Sérigné et de Fontbelle, avec Anne de la Magdeleine du Breuil-Marmaud, dont une fille, Françoise Turpin, dame d'Ardilleux et du Breuil-Marmaud, mariée à son parent, Jean Turpin, chevalier, sgr de Jouhé, de Bouin et de la Tour de Paizé-Naudouin, le 17 janvier 1520. — Turpin : *d'azur, à 3 besants d'or*; supports, *deux lions*; cimier, *une aigle à 2 têtes aussi d'or.* Famille très-ancienne, encore représentée.

(*d*) Pocquaire : *d'argent, à 3 fusées de gueules en fasce.* On trouve vers cette époque, Jacques Pocayre, sgr de la Tasnière, frère de François Pocayre, mari d'Isabelle d'Asnières.

XII. — **LOYS GRONGNON**, *sgr de Lisleau et Magne*, *qui a fait serment de servir le roy en estat d'archier*.

XIII. — **CHARLES GUISCHARD**, *escuier* (a), *avec ses aydes :*

Damoizelle JEHANNE THOUZEAU ;
GEOFFROY DE MONTGAILLARD, sgr de Beaurepaire (b) ;
FRANÇOIS GUISCHARD, sgr de Saint-Simon ;
GERMAIN GRAND ;
JEHAN DE BLOIS, sgr de Saint-Germain (c) ;
FRANÇOIS POCAYRE, sgr de Coullonges (d) ;
GAILLARD FOURESTIER, sgr des Tousches ;
BERNARD LE SUER et aultres.

(a) Charles et François Guichard, de la famille des sgrs de Saint-Simon de Pellouaille (canton de Gemozac), terre qui est passée aux Desmier, par le mariage de Judith Guichard, dame de Saint-Simon, avec Nicolas Desmier, sgr du Chastenet et de Beauregard, en 1590. Elle était fille de Jean Guichard, sgr de Saint-Simon, et de Jeanne Gua, et avait épousé, en premières noces, (1580), René Guinot, sgr de Beaupreau.

(b) Geoffroy de Montgaillard, écuyer, sgr de Beaurepaire, marié à Luce Paillé dont il eut Bonaventure de Montgaillard, mariée à René de Bremond, chevalier, sgr de Tesson.

(c) Jean de Blois, écuyer, épousa Isabeau (alias Marie) de Mortaigne, dame de Saint-Germain-du-Seudre, et semble avoir eu pour première femme Julienne de Toulbodou. — Saint-Germain-du-Seudre, commune du canton de Saint-Genis. — Blois de Roussillon : *d'argent, à la fasce d'azur chargée de trois étoiles d'or*.

(d) Peut-être François, marié à Isabelle d'Asnières, dont Jeanne Pocayre, femme (1578) de Pierre de Blois ?

XIV. — **GABRIEL DE SAINT-MAURIS**, *sgr de Rochaves* (a), *aydes :*

La dame DE BUSSAC ;
JEHANNE GASTINEAU, damoizelle, dame en partie de Cogeay ;

FRANÇOIS ISLE, sgr de Vasson (b);
Le seigneur DE TUGERAS;
Les héritiers de feu ANTHOINE BROSSARD ;
Les héritiers du feu sgr DU BOIS D'ARDENNE.

(a) Saint-Mauris de la Vexpière et de Rochâve : *d'azur, semé de fleurs de lis d'or, au chef d'argent chargé d'un lion issant de sable* (Chérin). — Aliàs : *d'azur, à la bande d'or, accompagnée de deux cotices d'argent cantonnées de six étoiles d'or en bande.* — Rochâve, situé commune de Coulonges (canton de Pons).

(b) Peut-être François Isle, sgr de la Matassière et de Lilleau, marié, 1556, à Marguerite du Chesne du Cluseau. — Isle : *d'argent, à 3 roses de gueules.*

XV. — FRANÇOIS CHESNEL, *sgr des Guiniers* (a), *avec ses aydes* :

JEHAN DE LISLE, sgr de Saint-Morice (b);
JEHAN RATAUD, sgr de la Vigerie (c);
GUICHARD DU CHEMIN, sr de Chartuzac (d);
JEHAN DE SAINT-MARTIN, sr de Lenesmerie;
JEHAN DE LA ROCHE, sr de Sallignac;
JEHAN DE LAYGLE et ses consorts, srs de la Montaigne (e);
JEHAN DE RENSSANNES (f).

(a) Les Guiniers, commune de Meux, près Jonzac.

(b) Peut-être Jean de Lisle, marié à Claire de Villechoux. — Lisle de la Renaudie (ou Renaudière), paroisse de Chénac : *de gueules, à 2 chevrons d'or, accompagnés de 3 croissants d'argent, 2 et 1, soutenus d'une croix ancrée d'or en pointe.*

(c) Serait-ce Jean Rasteau, mari de Jeanne de Ransannes? — Rasteau des Arnauds : *d'azur, à 2 bâtons d'or en sautoir, accompagnés d'une étoile de sable* (sic) *en chef, de 2 étoiles d'argent aux côtés, et d'un croissant de même en pointe.* (M. d'Aguesseau.)

(d) Chartuzac, commune du canton de Montendre.

(e) Probablement Jean de Laigle, marié avec Anne Vidaud. — Armes : *de gueules, à une aigle éployée d'argent.* — La Montagne, fief situé en la paroisse de Saint-Ciers-Champagne (canton d'Archiac), avait aussi appartenu aux Saint-Légier de Boisrond. — Caumartin donne d'autres armoiries à cette famille de Laigle.

(*f*) Sans doute Jean de Ransanné, marié deux fois 1° à Guillemette Raymond, 2° à Françoise de Catrix. — Ransanne du Charbon-Blanc (en Semoussac) : *de gueules, à trois mains d'argent.*

XVI. — FRANÇOIS PONTEVIN (1), *escuier, sgr de la Tublerie, avec ses aydes :*

FRANÇOIS DE BURLÉ, s^r de Darcie (*a*) ;
JEHAN DE BURLÉ, s^r de La Mothe ;
JEHANNE DE BARBEZIÈRES, dame de la Chaume (*b*) ;
ANDRÉ REBILHARD, sgr de la Grange (*c*).

(*a*) Lisez Dercie, nom d'une paroisse annexée depuis à la commune du Guâ, canton de Marennes. — Jehan de Burlé, écuyer, sgr de Dercie, vivant en 1579, et marié à Marguerite de Talleyrand, eut une fille unique, Marthe de Burlé, qu'il maria, à cette époque, avec Jacob de Saint-Légier, écuyer, sgr en partie de Boisrond et de la Montagne. Elle lui apporta le fief de Dercie qui passa, plus tard, par une alliance, dans la maison de Guinot-Monconseil. — Burlé : *d'or, à deux croix raccourcies de gueules mises l'une sur l'autre.*

(*b*) Barbezières : *d'argent, à six fusées de gueules en fasce.*

(*c*) Faut-il lire Robillard ? On trouve André Robillard, marié, vers cette époque, à Marguerite Marchand. — Robillard de Champagne et de Fontbarbeau : *d'azur, au lézard d'argent en pal, couronné d'or et cantonné de 4 étoiles du même.*

XVII. — JEHAN POCAIRE (*a*), *escuier, sgr de la Besne, avec ses aydes :*

Le sgr DE LA PIOGERIE ;
Le sgr DE GEAY (*b*) ;
Le sgr DE LA CLOISERIE ;
JEHAN LE BRETON, escuier, sgr de la Bastière (*c*) ;
GABRIEL, CHRISTINE et ANTHOINE POCAYRES ;
JEHAN RULLON, escuier, sgr de Sainte-Mesme ;

(1) Il faut lire évidemment Pontlevin, famille qui portait : *d'azur, à 3 fasces ondées d'or.*

Le sgr DE LA BARDE en Loiré;
AYMOND GOULLARD, s^r de Sainte-Ramée (d);
L'héritier et vefve du feu sgr DE TAUPIGNAC (e);
LOYS ARNAUDEAU, sgr des Brissons;
La vefve feu FORTUNÉ.

(a) S'agit-il de Jean Pocquaire, marié à Charlotte du Breuil ? Armes (ut suprà).

(b) Geay, commune du canton de Saint-Porchaire. Cette terre appartient encore à la famille La Tour de Geay, mais nous ignorons quel en était le sgr en 1553. C'était peut-être Guillaume de la Tour, écuyer, marié à Geneviève de Lisle, dont la fille, Marie de la Tour, épouse, en 1584, Jacques de La Vallade, sgr de Saint-Georges, par contrat passé au lieu de Geay.

(c) Etait-il des Le Brethon de Ransannes (en Soulignonne) qui portaient : *d'argent, au roseau de sinople tigé en pal, accompagné d'une étoile de sable en chef et d'un lion de gueules rampant contre le roseau*, ou des Le Brethon d'Aumont (en Grezac) qui portaient : *d'azur, au roseau d'or supporté par un lion d'or à dextre et par un renard d'argent à senestre, et accompagné d'une étoile d'or en chef?*

(d) Aimond Goulard, sgr de Sainte-Rame, capitaine du château de Niort, fils de Jean Goulard, sgr de Beauvais, baron de Sainte-Rame, et d'Hélène L'Hermite, épousa, en 1549, Guyonne du Puy-Bascher dont il n'eut qu'une fille, Hélène Goulard, mariée, en 1565, à François de La Rochefoucauld, baron de Montendre. — Armes : *d'azur, au lion d'or, lampassé et couronné de gueules.*

(e) Probablement de la famille d'Aulnix ?

XVIII. — GUY DE CALLÈRES, escuier (a), avec les aydes :

JEHAN DE LESTANG, sgr de Richemond;
CHARLES DE SOUBSMOULINS, sgr de Vibrac (b).

(a) Guy de Callières, fils de François et de Marguerite de Soubsmoulins, fut sgr de Clérac et de Poulignac, et épousa, en 1568, Jaquette de Lestang. Armes : *d'argent, à 5 fasces contrebretessées de sable.*

(b) Vibrac, commune du canton de Jonzac. Cette seigneurie a

été longtemps possédée par la famille de Flambart qui existe encore.

XIX. — CHRISTOPHE DE POULLIGNAC, *sgr d'Escoyeux*, avec l'ayde de :

Mʳ PIERRE DE POULLIGNAC, sgr de Vénérand.

Christophe de Polignac, sgr d'Écoyeux, de Vénérand, de Machecou, de Migré, de Paransay, chevalier de l'ordre du roi, gouverneur de Taillebourg, lieutenant de roi en Saintonge etc., épousa, 1544, Renée Gillier, fille de Pierre, sgr de Salles, et de Marie de Roye. Ils moururent, Christophe en 1571, et sa femme en 1572, laissant plusieurs enfants parmi lesquels on ne voit pas figurer Pierre de Polignac. Il ne paraît pas non plus avoir été oncle de Christophe et il n'est guère possible d'admettre qu'il ait été son grand-père. — Armes: *fascé d'argent et de gueules de 6 pièces*.— Écoyeux, commune du canton de Burie — Vénérand, commune du canton de Saintes. Cette dernière seigneurie passa dans la maison de Sainte-Maure, par le mariage, 1598, de Vienne de Polignac, dame de Vénérand, avec Geoffroy de Sainte-Maure, sgr de Mosnac etc., dont elle eut Léon de Sainte-Maure, sgr de Jonzac, de Vénérand, etc., chevalier des ordres du roi, lieutenant-général de ses armées, gouverneur des ville et château de Cognac, marié à Marie d'Esparbès-de-Lussan dont : Alexis de Sainte-Maure, marquis de Jonzac et d'Ozillac, sgr de Vénérand etc., lieutenant-général des provinces de Saintonge et d'Angoumois, marié à Suzanne de Catelan dont, entr'autres filles, Judith de Sainte-Maure, dame de Vénérand, qui porta cette terre à son mari, Jean-Louis de Bremond, marquis d'Ars, capitaine des vaisseaux du roi, chevalier de Saint-Louis.

XX. — JEHAN DE CONYS, *escuier, sgr de la Broussardière* (a) avec les aydes :

ANTHOINE DE MONTILS, sgr de la Tour ;
YTHIER VIGIER, sgr de Saint-Georges-des-Coutaux ;
GILLES ET ETIENNE DE LA VALADE, escuiers, sgrs de Saint-Georges dudit lieu et de La Vozelle (b) ;
JEHAN DE SAINT-MARTIN, sgr de Luchat ;

Le seigneur DE LA GROLLIÈRE ;
Maistre JEHAN DE PUYRIGAUD, sr de Chaillottes ;
PIERRE ROBERT, escuier, seigneur de Coutiers (c).

(a) Serait-ce le même que Jean de Conys, écuyer, sgr du Chaillot, près Saintes, marié en 1535, à Catherine de Ponthieu, fille d'*Antoine*, sgr du Breuil de Chives, et de Jacquette Audouin ?

(b) Gilles et Etienne de La Vallade, enfants de Jean de La Vallade, écuyer, sgr de Saint-Georges de La Vallade, et de Françoise Robert de Roumefort. — Gilles semble mort sans postérité, et son frère Étienne épousa Anne de Laurières. — La Vauzelle, commune de Saint-Porchaire. — Armes : *d'azur, au chevron d'or, accompagné de trois croissans d'argent, 2 et 1*. Famille représentée à Saintes.

(c) Des Robert de Roumefort. — Ce Pierre devait être frère de Françoise Robert, femme d'Étienne de La Vallade. — Coutiers, situé commune d'Écurat près Saintes, appartient aujourd'hui à la famille de Grailly. — En 1571, le fief des Frégonnières et Mothe-Coutiers est vendu par Claude des Montils, écuyer, sgr de La Tour, à Pierre Gallet, écuyer, sgr de Fief-Gallet, avocat du roi à Saintes.

XXI. — JEHAN DE BOUTAILH, *escuier, sgr de la Croix, avec les aydes :*

MARGUERITE DE TAILLEFERT, dame de Saint-Fort-sur-Brouage (a);
Le capitaine DE MIRAMBEAU ;
Le seigneur DE FARGUES (b) ;
PIERRE CHESNEL, sgr de Boisredon ;
ARTHUS DE PARTHENAY, sgr de Chezac (c) ;
Le Protenotaire DE BRIAIGNE ;
La dame DE MARLONGE et ses cohéritiers ;
FRANÇOIS DE CRUC, escuier, sgr du Breuil en Courpignac.

(a) Sans doute des Taillefert de la Charoulière qui portaient : *d'or, à 3 fusées rangées d'azur*. — Saint-Fort, aujourd'hui commune de Saint-Jean-d'Angle, canton de Saint-Agnant, arrondissement de Marennes.

(b) Evidemment un membre de la famille de Ferrière de Fargues, en la paroisse de Saint-Martial.

(c) Probablement des Parthenay-Genouillé qui portaient : *d'argent, au sautoir de sable*. On trouve Arthus de Parthenay, sgr de Genouillé, marié à Gabrielle de Saint-George-de-Boissec, dont Charlotte de Parthenay, dame de Genouillé, de Quairay, des Costeaux etc., mariée, 1608, à J. Jacques de Pons, baron de Thors et marquis de la Case. Ils devaient descendre d'Eutrope de Parthenay, écuyer, sgr de la Groix-Parthenay, terre qu'il eut par partage fait avec son frère aîné, Jehan de Parthenay, sgr de Maillé (ou d'Amaillou ?). Eutrope épousa Jacquette Brassarde (Brassaud) fille des sieur et dame de la Rigaudière et de la Brande en Saintonge, et fut père de : Guillaume de Parthenay, sgr de la Groix, marié à Catherine Légier ? fille des s^r et dame de Vousvant, dont postérité. — Nous pensons que c'est par erreur que Courcelles (généalogie de Pons) donne à ces Parthenay les armes des Parthenay-L'Archevesque dont ils n'étaient probablement qu'une branche cadette.

XXII. — ALLAIN DE SAINTE-MAURE, *seigneur de Jonzac*.

Il était fils de Jean de Sainte-Maure, chevalier, sgr de Jonzac, de Mosnac etc., et de Marie d'Archiac. Il épousa Anne de Ponthieu (alias Françoise), fille de Louis de Ponthieu, sgr des Touches de Périgné, et de Jeanne de Bricollange. Sainte-Maure : *d'argent, à la fasce de gueules*.

XXIII. — HÉLIES DE POULLIGNAC, *escuier, sgr de Fontaines*.

Elie de Polignac, fils de François de Polignac, sgr de Fontaines, et de Louise de La Mothe-Saint-Seurin, épousa, 1539, Madeleine de la Porte-aux-Loups, fille de Jean de la Porte, sgr de Fontguyon, et de N... le Bigot. — Fontaines d'Ozillac, commune du canton de Jonzac. — Armes des Polignac (ut suprà).

XXIV. — JEHAN D'ASNIÈRES, *sgr de la Chapelle*.

Jean d'Asnières, sgr de la Chapelle, fils d'autre Jean d'Asnières et de Jeanne d'Aisse de Touverac, épousa Jeanne de la Chassagne, fille du procureur général au parlement de Bordeaux. — La Chapelle, commune de Bois, canton de

Saint-Genis. — D'Asnières : *d'argent, à 3 croissants de gueules, 2 et 1.*

XXV. — PIERRE DE BLOIS, *escuier, sgr de Roussillon* (a) :

NICOLAS DE BLOIS, sgr de Bernessard (b) ;
Le sgr DE BREUILLET en Clan (c) ;
HENRY DU BOIS, escuier, sgr de la Grèze et de Grassepiron et des Granges, en Villesavier et Ozillac ;
FRANÇOIS DE BARRAUD, sgr en partie de Thézac (d).

(a) Pierre de Blois, écuyer, sgr de Roussillon en Saint-Germain du Seudre, marié à Hardouine de la Jarrie, fille du sgr du Roullet en Aunis. — Blois : (ut suprà).

(b) Nicolas de Blois devait être frère de Pierre qui précède.

(c) François de Saint-Jean qui vendit cette terre, 14 mars 1556, à Gaspard de Polignac, sgr de Saint-Germain-de-Lusignan. — Le Breuillet relevait de Plassac, au devoir d'un *épervier.* (V. *Lussac en Saintonge*, par M. de la Morinerie.)

(d) On trouve aussi, vers la même époque, Jean Gallet, écuyer, sgr de Thézac, en vertu d'un partage de 1530 avec ses frères et sœurs. Il fut père de Jacques Gallet, écuyer, sgr de Thézac dont il rend hommage au sgr de Rioux en 1564, et qui épousa, en 1560, Jeanne de Cimetière, dont vinrent : Jacques Gallet, sgr de Thézac et de Feusse, marié à Marie Gombaud, et Samuel Gallet, gendarme d'une compagnie du roi en 1597.

XXVI. — JOACHIM DE VALLÉE, *escuier, sgr de Gibran et de Monsanson* (a) :

FRANÇOIS MARCHAND, sgr de la Gaillardière ;
GUY JOUBERT, sgr de Chaillonnay ;
GABRIEL DE CURSON, sgr des Planches ;
La dame DE BRASSAUD (b) ;
Le seigneur d'URLAC, (peut-être Orlac) ;
JACQUES POCAYRE, l'esné ;
MICHEL FOUSCHIER, sgr de Boisseguin.

(a) Joachim de Vallée, fils de Samuel de Vallée, et d'Andrée de la Tousche, se maria deux fois, 1° à Françoise Arnaud, 2° à Louise de Burlé. Armes : *de sable, au lion d'or, couron-*

né d'argent. La maintenue d'Aguesseau donne : *de sable, au lion d'or contourné et couronné d'or, armé et lampassé de gueules.* — Monsanson, jadis paroisse, fait aujourd'hui partie de la commune du Guâ.

(b) Devait être de la famille de la Chambre, encore représentée. « Cette maison très-illustre, dit Dussault *(Usance de Saintonge)* avait pour auteur Nicole de Chambre, qui fut capitaine des gendarmes du corps des rois Charles VI et Charles VII, ayant rendu des services importants à l'Etat contre les Anglois, comme je l'ai vu dans les lettres-patentes de ce dernier, par lesquelles il lui donna la moitié de la terre de la Jarrye-Audouin, près de Saint-Jean, confisquée sur un seigneur écossois qui avoit suivi le prince de Galles, et à ses enfants mâles dont il reste encore deux branches. »

XXVII. — FRANÇOIS DE FERRIÈRES, *escuier, s^r de Champaigne et de la Vaurre, avec ses aides* (a) :

FRANÇOIS MÉHE, sgr de Lestang (b);
CHARLES DU NOURIGÉ, sgr des Granges-en-Breuilh (c);
JEHAN DE PARSAY, escuier, pour luy et Rolland Filleuil, aussy escuier, son beau-père (d);
PIERRE GIRAUD, escuier, sgr de la Mothe-en-bois;
JEHAN GIRARD, escuier, sgr des Clairons;
Le sgr DU JARD DE SAINT-CYPRIEN;
Damoizelle SOUVERAINE GUY, dame en partie des Ris (e).

(a) François de Ferrières, marié à Catherine de Corlieu. Il était fils de Guy de Ferrières, sgr de Fargues, et de Marguerite Gua. Ferrières : *écartelé d'azur, à la bande d'or, et d'argent, à 3 chevrons de gueules.*

(b) Peut-être François Méhée, marié à Claire de la Guirande. Armes : *de sable, à 3 aigles éployées d'argent, 2 et 1.*

(c) Serait-ce Charles de Nourigier, marié à Louise des Halles ? — Nourigier de Sainte-Aulaye et de Guillonjard : *d'or, à la bande denchée de gueules, accompagnée de six merlettes de sable en orle.*

(d) Filleul de la Mothe-Meursac : *d'azur, à une lame d'or en bande, accompagnée de 2 molettes d'éperon d'argent.*

(e) Faut-il lire des Ris ou des Roys ? Les Ris, commune de

Saint-Hilaire, arrondissement de Barbezieux, était une seigneurie appartenant vers cette époque, à la maison de Polignac dont la généalogie (La Chenaye) écrit *des Roys*, sans doute par erreur?

XXVIII. — AYMERY DE FALMOND, *escuier, sgr du Rail, avec ses aides :*

    MICHEL GUINAUDEAU, escuier, sgr de La Ferrière près Pons ;
    Damoizelle FRANÇOISE VIGIER, vefve du feu seigneur de Saint-Léger (*a*) ;
    Noble homme LOYS DE CHERBÉE, sgr de Roumefort (*b*).

(*a*) Sans doute *Bonaventure* Vigier, fille de Guy Vigier, écuyer, sgr de Chalonne, et de Charlotte de La Roche, laquelle épousa, 1523, Guy Courbon, écuyer, sgr de *Saint-Léger*, mort en 1547, et mourut elle-même en 1554. — Courbon : *d'azur, à trois fermaux d'or, l'ardillon en pal.* — Saint-Léger, commune du canton de Pons.

(*b*) Faut-il lire *Chevreuil* de Romefort? — Les Chevreuil, sgrs de Romefort-en-Mons (canton de Matha) portaient : *d'azur, au chevreuil d'argent.*

XXIX. — GILLES MERCIER, *escuier, sgr de Jovelles* (*a*), *avec ses aides :*

    ANTHOINE DE SAINTE-MAURE, sgr de Mosnac (*b*) ;
    JEHAN DE LA MOTHE, sgr de Favières ;
    FOUCAUD et PIERRE DE CRUCS ;
    JEHAN DE MONTGRAND, sgr dudit lieu (*c*).

(*a*) Gilles Le Mercier, marié à Marguerite Giraud. Le Mercier de Hautefaye et de Jauvelle : *d'azur, au lion contourné d'or, couronné de même, armé et lampassé de gueules.* (M. d'Ag.)

(*b*) Antoine de Sainte-Maure, sgr de Mosnac, Fléac, Réaux, Neulles, etc., était frère d'Alain de Sainte-Maure, cité plus haut. Il épousa, 1547, Marie Arnoul, fille de Nicolas, sgr de Chantillac, conseiller au parlement de Bordeaux. — Mosnac, commune du canton de Saint-Genis.

(*c*) Montgrand : *de gueules, au monde d'or.* (M. d'Ag.) On trouve Jean et René de Montgrand, qualifiés nobles hommes et écuyers, sieurs de Logerie, demeurant en la paroisse de Champagnolles, châtellenie de Pons, le 8 janvier 1559, qu'ils vendent à Jean Arnaud, receveur de Pons, six quartières de froment à prendre sur le moulin de Laubarère, au bourg de Saint-Vivien de Pons.

XXX. — REGNÉ DE RABAYNE (a), *sgr de Mazerolles, avec ses aydes :*

    CHARLES DE BRESMOND, sgr d'Ars et de Thesson, avec la veuve du feu seigneur de La Ronde (b);
    JEHANNOT GROUSSET, sgr de Chamberoche;
    FRANÇOIS MÉHE, sgr de la Giraud (c);
    JEHAN FILLEUIL, sgr de la Cousture (d).

(a) René de Rabaine, marié à Marie Gombaud, fille de Philippe Gombaud, sgr de Tanzac, et de Louise de la Personne, dont il eut postérité. — Mazerolles, commune du canton de Pons. — Rabaine : *d'argent, à la fasce de gueules, accompagnée de six coquilles de Saint-Michel, 3, 2, 1.*

(b) Charles de Bremond, chevalier, sgr-baron d'Ars et des Chastelliers, chevalier de l'Ordre du roi, lieutenant-général commandant pour S. M. J. ès-pays de Saintonge et Angoumois, ville de La Rochelle et pays d'Aunis, né en 1538, n'était alors âgé que de 15 ans. Il s'est marié deux fois : 1° en 1559, à Louise d'Albin de Valsergues de Ceré, 2° en 1589, à Jeanne Bouchard d'Aubeterre, laquelle se remaria à Jacques de Pons, marquis de la Caze. — Ars, commune du canton de Cognac (Charente). — Tesson, commune du canton de Gemozac (Charente-Inférieure). Cette terre passa successivement, par alliances, aux Guinot de Monconseil et aux La Tour du Pin.

(c) La Giraud, fief situé en la paroisse d'Asnières, près Saint-Jean-d'Angély, et qui a passé, plus tard, aux Goulard de Laléard.

(d) Peut-être Jean Filleul, marié à Jeanne Martin ? Armes (ut suprà).

XXXI. — CHRISTOPHLE DE LA CHAMBRE (a), *sgr de la Jarrye-Audouin, avec ses aydes :*

    Le sgr DE SONNEVILLE dit GRANOY, en la chastellanie de Mathas;

La vefve de feu FOULQUES RABAUD, dame de Font-Bedouère; *(Macqueville)*
JEHAN BELLAY, sgr de la Tousche-Marteau;
JEHAN QUISIHERME, sgr de Donzay;
La vefve douayre de SOUBRAN (*b*);
La vefve de feu PIERRE DU CHESNE, sgr, quand vivait, de Gadeville;
Le sgr DE POIXTORT, à cause de Co...allet, près Saint-Jehan.

(*a*) La Chambre : *d'azur, au chevron d'or, accompagné de 3 têtes de lion arrachées d'or, 2 et 1*. — La Jarrye-Audouin, commune du canton de Loulay.

(*b*) Peut-être la veuve de Jean III de la Rochebeaucourt, sgr de Soubran, père de Marie de la Rochebeaucourt, femme de François de la Hire, baron de Vignolles. — Soubran, commune du canton de Mirambeau. — La Rochebeaucourt : *lozangé de gueules et d'argent*. On trouve aussi René de la Roche, s^r de Soubran, en 1569; c'était sans doute un fils de Jean III.

XXXII.—JEHAN POUSSARD, *escuier, sgr de Châteaubardon* (*a*) *avec ses aydes :*

Le sgr DE LA GASTIÈRE;
FRANÇOIS, ANDRÉ, MATHURIN et les héritiers de feu Guillaume de MORTAIGNE (*b*);
AMBROISE DE GRANY, sgr d'Ollery;
Le sgr de la GRASSIÈRE en Cosnac;
SANXON DE SAINT-MARSAUT, chevalier, s^r de Parcou.

(*a*) Poussard : *d'azur, à trois soleils d'or*.

(*b*) Probablement Guillaume de Mortagne, marié à Marguerite Gombaud, que nous croyons la même qu'une Marguerite Gombaud, dame de Givrezac, Champagnolles, Briaigne en Gemozac etc., laquelle se serait remariée à André de Balodes, sgr d'Ardennes. Elle était fille de François de Gombaud, sgr des deux Briaignes, tué avant l'an 1516. — François de Mortagne dont il est ici question, était peut-être le même que celui qui épousa Jeanne du Guâ et qui se qualifiait, vers 1550, cosgr de Roussillon.

XXXIII. — LOYS DE LA HAYE, *escuier, sgr dudit lieu*, avec ses aydes :

> Le sgr DE COIRON ;
> La vefve du feu sgr de JONZAC et MOSNAC (*a*) ;
> JACQUES DU BOIS, escuier, sgr du Freigne en Angoulmois et du fief des Landes;
> La dame DE PIEDEFOND, vefve du feu sgr de Blanzay (*b*) ;
> ANTHOINE BRAGIER, sgr de Peray ;
> Les héritiers du feu sgr DE LA CLISSE (*c*).
>
> (*a*) Marie d'Archiac, seconde femme de Jean de Sainte-Maure, sgr de Mosnac et Jonzac, et mère d'*Alain*, précité.
>
> (*b*) Faut-il lire, au lieu de *Piedefond*, Puy-du-Fou ? Jean Goumard, sgr de Blanzay, avait épousé Mathurine Acarie, dame de Saint-Georges et du Puy-du-Fou en partie, fille de Jean Acarie, sgr du Fief en Genouillé, et de Gillette du Puy-du-Fou. — Le Puy-du-Fou, situé en la paroisse de Saint-Georges-de-Rexe.
>
> (*c*) Guillaume de Béchillon, écuyer, sgr d'Irlaud, le Vanneau, Allery, la Clisse etc., était mort avant le 16 mars 1547, que sa veuve, Marie de Vieilleseigle, est tutrice de leurs quatre enfants dont le second, Pierre de Béchillon, fut sgr de la Clisse et père de Suzanne de Béchillon, dame de la Clisse, qui porta cette terre à son mari, Jean de Mendose, en 1581. — Béchillon, sgrs de la Clisse et de Saint-Georges-des-Coteaux en Saintonge : *d'argent, à 3 fusées de sable en fasce*. Famille représentée en Poitou.

XXXIV. — FRANÇOIS DE BEAUCHAMP, s^r *de Bussac*, avec ses aydes (*a*) :

> LOYS DE PONTIEUX (*b*) ;
> Le sgr DE ROCHEFOLLET (*c*) ;
> Le sgr DE LALLÉARD (*d*).
>
> (*a*) François de Beauchamps, écuyer, sgr de Bussac par sa femme, Marie de Ponthieu, dame de Bussac, de Grand-Fief et du Douhet. — Il se remaria 1° avec Catherine Corgnou (Corgnol ?), 1558 ; 2° avec Françoise de Massougnes, 1578. — Bussac, commune du canton de Saintes. — Beauchamps : *d'azur, à une aigle au vol abaissé d'argent*. Devise : *in scopulis virtus*.

(*b*) Louis de Ponthieu, sgr de Grand-Fief et des Coux, donna, en 1541, la déclaration de ses revenus pour l'arrière-ban, conjointement avec Christophe de Pontieux, son neveu. Il devait être beau-frère ou beau-père de François de Beauchamps. — Ponthieu : *Ecartelé d'or et de gueules*. Le nom de cette ancienne famille saintongeaise était primitivement Jolen.

(*c*) Rochefollet, commune de Saint-Vaize, près Saintes, devait appartenir, vers cette époque, aux Ponthieu.

(*d*) Laléard, commune de Saint-Hilaire, près Saint-Jean-d'Angély, appartient, par succession, à Madame de Roumefort, née de Goulard. L'étymologie de ce nom de Laléard ne serait-elle pas *allodium arsum* ?

Fait le deuxiesme jour de juin, l'an mil cinq cens cinquante-trois, ainsy signés : GUITARD, QUEU (1) et THIBAUDEAU (2), et SENNÉ, greffier (3).

XXXV. — PIERRE GOMBAUD, *sgr de Briaigne, un archier.*

Pierre Gombaud, sgr de Briaigne en la chastellenie de Cozes, et de Corme-Ecluse, fils de François Gombaud, sgr des deux Briaignes, épousa Bertrande de Leaumont, de la maison de Puygaillard — Armes : ut suprà.

---

(1) Est-ce François Queu, écuyer, sr de Mérignac et de la Tousche, conseiller au Présidial en 1584, échevin en 1570-1604 ? Cette dernière date ne permet guère de le supposer. Cette famille existe encore dans la branche de Saint-Hilaire (v. pour ses armoiries, *la noblesse de Saintonge en 1789*, par M. de la Morinerie).

(2) Jehan Thibaudeau, substitut de l'avocat du roi (Pierre Gallet), est condamné à mort par l'arrêt du parlement de Bordeaux, du 6 avril 1569, comme ayant pris part aux troubles qui amenèrent la bataille de Jarnac. On le trouve procureur du roi en 1572 et 1585. Il était peut-être le même que Jehan Thibaudeau, procureur du roi à Saintes, et sgr du Cormier, lequel avait épousé Jehanne de Prahec, dont Anne Thibaudeau, mariée, 1529, à Jacques Gallet, écuyer, sgr de Fief-Gallet.

(3) Sans doute Ythier Senné, sr de la Fourest, (alias de la Dour), procureur au Présidial, maire et capitaine de la ville de Saintes en 1574 et 1575. Il aurait aussi été avocat du roi. On le trouve échevin de 1568 à 1590.

XXXVI. — Le sgr DE FOUILLOUX (*a*) *pour le service, aydes :*

JACQUES VIGIER (*b*);
JEHAN VIDAUD, sgr de Mallefraix;
JACQUES DE SAINTE-MAURE (*c*);
MARGUERITE BAUDOUIN, dame de Brandart (*d*).

(*a*) Le Fouilloux, commune d'Arvert, près La Tremblade, appartenait peut-être alors à Bernard de Comenge, marié à Madelène de Noé, qui fut le bisaïeul d'Izabeau de Comenge, dame du Fouilloux, mariée à Jacob de Lézignac, dont la fille, Madelène de Lézignac, épousa, 1629, Charles de Meaux, chevalier, sgr de Rudefontaine, à qui elle porta le Fouilloux qui passa depuis aux du Bourg, et par eux aux Bremond d'Ars qui en furent dépouillés révolutionnairement.

(*b*) Jacques Vigier, sgr de Treillebois en Arvert.

(*c*) Peut-être Jacques de Sainte-Maure, de la branche de Chaux, fils de Philippe, sgr de Chaux et de Saint-Germain, et de Catherine de Lannes de La Rochechalais, marié à Françoise Régnault dont il n'eut que des filles.

(*d*) Serait-ce Marguerite Baudouin, femme de Jacques Gaillard, sgr du Fief-Gaillard et du Brandard, paroisse de Mazeray, près Saint-Jean-d'Angély ?

Fait par devant nous Jehan Journaud, docteur ès-droitz, conseiller du roy nostre sire, et son lieutenant-général au siége de Xaintes, le dixiesme jour de juin mil cinq cent cinquante-trois.

Signé : JOURNAUD.

Après deux feuillets totalement déchirés par les vers et par l'humidité, on trouve :

FRANÇOIS GA, sgr d'Arces (*a*);
ANTHOINE DE LA TOUR EN SOUBIZE.

(*a*) Peut-être François Gua, marié à Françoise de Montgaillard. — Du Gua, de la Rochebreuillet : *d'argent, à 3 chevrons de gueules.*

HUBERT DE LA ROCHECHANDRY, *seigneur de Clan, fera un homme d'armes* (a);

La vefve et héritiers DE LA ROCHE-CHALAIS (b).

(a) Clam, en la commune de Saint-Georges-de-Cubillac, canton de Saint-Genis. — La Roche-Andry ancien portait : *lozangé d'argent et de gueules, chaque pièce d'argent chargée de 8 burelles d'azur.* — Hubert de la Roche-Chandry était fils de Marguerite Acarie.

(b) Peut-être Catherine de Mortemer, femme de Clinet de Lannes, chevalier, sgr de la Rochechalais ?

JEHAN ACCARIE, *sgr de Crazennes et le Bourdet* (a) *fera un homme d'armes avec*

Le sgr de CHAMPFLEURY (b).
Et la vefve et héritiers du feu sgr de LA MOTHE DE SAINT-SEURIN D'UZET (c);
La vefve et dame DE CHAMOUILLAC avec ses enfants;
LOUBAT VIDAUD.

(a) Jean Acarie, sgr du Bourdet et de Crazannes, marié à Catherine Goumard, fille de Guy Goumard, sgr de Romegou, de la Vallée etc., et de Catherine de la Tour. — Crazannes, commune du canton de Saint-Porchaire.

(b) François Gombaud, sgr de Champfleury, marié 2 fois : 1° à N... Goumard, fille de Guy Goumard, sgr de Romegou, et de Catherine de la Tour, 2° à Marie de la Roche-Chandry. Le sgr de Champfleury était donc beau-frère de Jean Acarie de Crazannes.

(c) Sans doute Guillaume de la Mothe-Fouqué, qui avait épousé Catherine Poussard. — Saint-Seurin d'Uzet, commune du canton de Cozes. — La-Mothe-Fouqué : *d'azur, à une fasce d'or, soutenue d'un bezant de même en pointe.*

FRANÇOIS POUSSARD, *fera un homme d'armes avec ses aydes* (a) :

ANTHOINE et MARIE BESCHETS, sgr et dame de Genoillé (b);
JOACHIM DE LA CROIX, sr de la Magdelène;
Le sgr DE CHASTEAUPERS;
Le sgr DE BRASSON;
Le sgr DE LALLEU (c);

Le sgr DE ROMEGOU (*d*) ;

(*a*) François Poussard, écuyer, sgr du Haut-Vandré, du Chambon etc., marié à Charlotte Duperron.

(*b*) Enfans, sans doute, de Louis Béchet, et d'Antoinette Acarie, dame de Genouillé. — Genouillé, commune du canton de Tonnay-Charente. — Béchet : *d'azur, au lion d'or.*

(*c*) Probablement Guillaume Gaillard, sgr de La Leu, marié à Léonne de Pompadour, et père de François Gaillard, marié à Suzanne de Lisle, 1589.— La Leu, commune d'Asnières, près Saint-Jean-d'Angély. — Gaillard : *d'azur, à la fasce d'or, surmontée d'un chevron de même en chef.*

(*d*) Guy Goumard, sgr de Romegoux et de La Vallée, marié à Catherine de La Tour, dont une fille : Catherine Goumard, mariée 2 fois, 1° en 1525, à Gilles de Larmandie, 2° à Jean Acarie, sgr du Bourdet et de Crazannes. — Romegoux, commune du canton de Saint-Porchaire.

Le sgr de THORS (*a*), *fera un homme d'armes, avec :*

La dame DU BREUIL-BASTARD;
JACQUES DE MAUBEC, sgr de Bazas ;
GUY D'ANGOULESME, sgr d'Escurat (*b*).

(*a*) Thors, commune du canton de Matha. Le sgr de Thors était-il alors René de Montberon, mort vers 1572, ou Jean de Montberon, marié à Gabrielle de Pierre-Buffière ? ils étaient fils d'Adrien de Montberon, baron d'Archiac, et de Marguerite d'Archiac. — Montberon : *écartelé aux 1 et 4, fascé d'argent et d'azur ; aux 2 et 3, de gueules.* Judith de Montberon, fille de Jean, porta la seigneurie de Thors à Jacques de Pons, marquis de la Case, son mari. — Louis de Pons la vendit, le 29 décembre 1769, pour 180 mille livres, à Jean-Marie-Joseph, vicomte de Puymontbrun, colonel d'infanterie. — Le sgr de Thors ne devait l'hommage au sgr évêque d'Angoulême, que sur le bord des premiers fossés du château de la baronnie de Thors, où le sgr évêque était tenu de venir le recevoir en personne.

(*b*) Guy d'Angoulême, sgr d'Ecurat, près Saintes, marié à Marguerite de Saint-Marsault ; il était fils de Jean d'Angoulême, et de Romaine de Saint-Gelais. — Angoulême, sgrs d'Ecurat : *de gueules, à 5 lozanges d'argent en fasce.* — Ecurat, commune du canton de Saintes.

Fait par devant nous, Charles Guitard, conseiller du roy et sénéschal de Xaintonge.

Signé : SENNÉ, greffier.

Le baron DE MATHAS, *deux hommes d'armes.*

> François de Montberon, baron d'Archiac et de Matha, frère de Jean de Montberon, sgr de Thors, précité, avait épousé Marie-Jeanne de Montpezat dont : Jacquette de Montberon, qui porta la terre de Matha à André de Bourdeille, son mari, 1558.

La dame DE CLYNES, *ung homme d'armes.*

Le seigneur DE VARAIZE (a) **et seigneur de LANESPONTIÈRE**, *qui fera le service avec l'ayde de :*

> JULIEN DE TALLERAND, prince de Challais, un homme d'armes (b).

> (a) Sans doute François de La Rochebeaucourt, baron de La Rochebeaucourt, gouverneur d'Angoumois, marié à Bonaventure La Personne, dame de Varaise, fille aînée de François La Personne, sgr de Varaise, et de Marie de Beaumont-de-Rioux. — Varaise, commune du canton de Saint-Jean-d'Angély. — La Rochebeaucourt : (ut suprà).

> (b) Julien de Talleyrand, 1er du nom, sgr de Grignols, vicomte de Fronsac, prince de Chalais, fils de François de Talleyrand, 2e du nom, prince de Chalais, et de Gabrielle de Salignac, marié, 1540, à Jacquette de la Tousche, fille de François, sgr de la Tousche et de la Faye, et de Françoise de l'Isle. — Chalais, canton, arrondissement de Barbezieux.
> — Talleyrand : *de gueules, à 3 lions d'or, armés, lampassés et couronnés d'azur.*

LOYS DE MONTBRON, *sgr de Monts.*

> Il faut lire *Moings*. — C'est Louis de Montberon, chevalier de l'ordre du roi, sgr de Moings, d'Allas et de Marsac, fils d'Adrien de Montberon, baron d'Archiac, et de Marguerite d'Archiac. Il épousa, 1548, Anne de Belleville-Harpedane, sans doute fille de Guy de Belleville, 2e du nom, sgr de Mirambeau, et de Marie Chesnel. — Moings, commune du canton de Jonzac.

ARNAUD DE THOURETTES, *sgr de Pisany, qui fera le service, un homme d'armes* (a).

OLLIVIER VIGIER, sgr des Feusses (b).

(a) Pisany, commune du canton de Saujon. — Cette seigneurie avait été donnée en 1519, par Hélie de Torettes, président au parlement de Bordeaux, à son neveu, Arthus de Vivonne, fils de Charlotte de Torettes, lors de son mariage avec Catherine de Bremond, dame de la Boulidière. Ce doit être leur fils, Arnaud de Vivonne, qui se qualifie sgr de Pisany, en 1553, et se nomme *de Torettes*, nom qui fut aussi porté par son frère, Jean de Vivonne, dit *de Torettes*. Vivonne : *d'hermine, au chef de gueules.*

(b) Olivier Vigier, sgr de Feusses en Saint-Sornin de Marennes, marié à Jeanne Gombaud de Plassac, dont il eut : Françoise Vigier, mariée, 1563, à René Prévost, sgr de la Rochebruslain. *Olivier* appartenait aux Vigier de Treillebois.

FRANÇOIS DE LA ROCHEFOUCAUD, *sgr de la Bergerie, fera un homme d'armes.*

François de la Rochefoucauld, sgr de Bayers, du Parc d'Archiac, de la Bergerie, baron d'Airvaut (du chef de sa mère), était fils de *René*, sgr du Parc d'Archiac et de la Bergerie, et de Marguerite de Liniers, dame d'Airvaut. Il épousa, 1543, Isabeau de Lanes de Cuzaguès, fille de Clinet de Lanes, sgr de La Rochebaladé (depuis Rochechalais). — La Bergerie, paroisse de Saint-Hippolyte de Biard, aujourd'hui commune du canton de Tonnay-Charente. — La Rochefoucauld : *Burelé d'argent et d'azur de 10 pièces, à 3 chevrons de gueules brochant sur le tout, le premier écimé.*

Fait par devant nous Jehan Journaud, conseiller du roy, lieutenant-général en Xaintonge, le dixiesme jour de juin milcinq-cens-cinquante-trois.

Signé : JOURNAUD.

Jean Journaud, s^r de la Dourville, était pair et échevin de la ville de Saintes en 1565, maire en 1566 et 1567, et mourut en 1572, revêtu de la charge de lieutenant-général civil et criminel de la sénéchaussée de Saintonge.

III.

(1616)

Estat du foing qui a esté prins de Monsieur Fornier (ou Torneur ?) et distribué aux gendarmes de la compagnie de Monseigneur le duc d'Espernon par le comandement de mond^t seigneur, comancé le second du présant mois de may, 1616, jusques au quinz^{me} dudit moys, à raison de cinq^{te} livres par jour po^r chescun gendarme (a).

Premierem^t à Monsieur DU MASSÈS, à raison de trois quintaz par jour, puis (depuis) led^t jour second jusques aud^t jour quinze may. . . . . 42 quint^z.

> Probablement Charles de Béon, baron de Bouteville, fils de Bernard III de Béon du Massez, capitaine d'une compagnie de 50 hommes d'armes des ordonnances du roi, lieutenant-général des gouvernements de Saintonge, Angoumois, Aunis et La Rochelle, sous le commandement du duc d'Épernon, lequel Bernard était mort dès 1608 et avait épousé en secondes noces, Louise de Luxembourg, mère de ce Charles de Béon, baron de Bouteville. Béon : *d'or, à deux vaches de gueules, posées l'une au-dessus de l'autre,*

(a) Si l'on admet, conformément à l'organisation militaire de ces temps-là, que chaque gendarme avait cinq aides à sa suite, il faut compter six chevaux pour un gendarme, y compris le sien, ce qui porterait la ration de chaque cheval à 8 livres par jour, plus apparemment 2 livres de supplément pour le cheval du gendarme ou *maître*.

onglées, accornées, accolées et clarinées d'azur. Famille représentée de nos jours, notamment dans l'Armée.

> M. du Massez devait être lieutenant de cette compagnie, puisqu'il reçoit une ration de trois quintaux par jour, c'est-à-dire pour plus de 30 chevaux.

A Monsr DE MONTESTRUC, puis le dixième dud^t moys jusques aud^t jour quinzième, à ung quintal par jour. . 6 quintaz.

Sans doute Gabriel de Saint-Lary, fils de Jean de Saint-Lary, dit de Montastruc, et de Gabrielle de Marrast, laquelle s'était remariée à Bernard III de Béon du Massez, en 1572. Gabriel de Saint-Lary de Montastruc épousa, en 1600, Olympe de La Motte. — Ces Saint-Lary étaient proches parents du duc d'Épernon qui avait pour mère Jeanne de Saint-Lary, mariée, en 1551, à Jean de Nogaret de la Valette, lieutenant-général en Guienne, père de ce duc d'Épernon. — Saint-Lary : *d'azur, au lion couronné d'or.*

> M. de Montestruc avait un grade dans la compagnie, pour recevoir ainsi une ration d'un quintal, soit de 12 chevaux.

A Monsr DE VERDELIN que luy estoit deub po^r le der. d'avril et premier de may. . . . . 2 quint.

Et despuis led. jour second de may jusques au quinzième, à ung quintal par jour.. . . . . 14 quint.

Jacques de Verdelin, chevalier, sgr d'Orlac en Saintonge, et du Fresne en Angoumois, enseigne de la compagnie des gendarmes du duc d'Épernon, lieutenant-colonel du régiment de Navarre, fils de Jean de Verdelin, sgr de Montaigut, et d'Isabeau de Montbeton, épousa 1° en 1608, Jeanne Vinsonneau, dame de la Rouhauderie (paroisse de Richemont); 2° en 1619, Antoinette Green de Saint-Marsault; fut blessé en Piémont (1629) et mourut au Port en Gapençois, le 19 août 1630. — Il était frère de Tristan-Louis de Verdelin, chevalier, seigneur de Montaigut et d'Aventignan, écuyer du roi, enseigne de la compagnie de cent hommes d'armes des ordonnances du comte de Foix-Candale, marié, 1609, à Catherine de Béon, fille de Pierre de Béon, sgr d'Armentieu, et de Marguerite de Noë. — Verdelin : *d'or, à la fasce de sinople, surmontée d'un oiseau de même, appelé Verdelet, les pattes de gueules, sur un écusson aux armes de l'Empire.*

C'est évidemment en sa qualité d'*Enseigne* de la compagnie, que Jacques de Verdelin a droit à une ration d'un quintal par jour, ration de 12 chevaux environ. Cependant, il semble résulter de la correspondance du duc d'Épernon avec le sgr d'Orlac, que ce dernier était alors cap^{ne} au régiment de Piémont-inf^{ie}.

A M^r. DE CASTELGAILLARD que luy estoit deub des arrérages du magasin.. . . . . 1 quint.
Et despuis led. jour second de may jusques au quinziesme,
. . . 7 quint.

A Monsr DE BACHOS (BASCHOER?) despuis led. j^r second jusques au huict.. . . . . 3 quint. 56 l.

A M^r DE PORTUBLED despuis led^t j^r second jusques aud. jour quinziesme. . . . . 7 quint.

Le Portublé, petit fief sur les bords de la Charente, rive droite, paroisse de Chaniers, appartenait alors à la famille Gallet.

A M^r. DE MEILHAN, pour le mesme temps.. . . 7 quint.

Total de la 1re page de l'original.   89 quint. 76 l. (1)

A Monsr DE LA MOTHE-CHALAN que luy estoist deub,
. . . 1 quint.
P^r le mesme temps que dessus. . . . . 7 quint. 2 l.

A M^r DE CAZAUX q. luy estoit deub.. . . . . . 32 l.
Et pour le susd. temps. . . . . 7 quint.

Peut-être Béon du Massez de Cazaux, de la même famille que Mr de Béon du Massez dont il a déjà été question. Il devait être fils de Jean de Béon du Massez, marié à Françoise de Casteras, dame de Cazaux. — On trouve aussi Bernard de

---

(1) Par où l'on voit que l'addition n'est pas exacte, puisqu'il faudrait 56 livres au lieu de 76.

Lartigue, écuyer, sgr de Cazaux en Condomois, etc., marié, 1610, à Magdelène de Goth (ou de Gout). Il était fils de Jean de Lartigue, gendarme de la compagnie du maréchal de Bellegarde, et de Jeanne de Patras de Campaigno. Ce Bernard de Lartigue reçut (1625) commandement du duc d'Épernon d'aller le rejoindre sous les murs de Montauban, ce qui donne à supposer qu'il pouvait servir alors dans sa compagnie. Il laissa postérité, représentée aux environs de la ville d'Aire, notamment par le général de Lartigue, marié à d^{lle} de Sales de Banières (de la famille de saint François de Sales). — Lartigue porte: *de gueules, au lion d'or, lampassé et armé de sable.*

A M^r DE LA ROCHE q. luy estoist deub. . . . . 46 l.
Et pour le mesme temps. . . . . 7 quint. 2 l.

A M^r DE JULHIER (ou VILHIER) q. luy estoist deub. 28 l.
Et po^r semblable temps q. dessus. . . . . 7 quint. 2 l.

A M^{rs} DE BARRIÈRE que leur estoist deub. . . . . 70 l.
Et po^r le susd^t temps. . . . . 14 quint. 12 l.

A M^{rs} DE MOLINES (ou MOLIÈRES?) GUYAR (ou BUGAR?) et GAJAN, q. leur estoist deub. . . . . 1 quint. 50 l.
Et despuis led. j^r second de may jusques au sixiesme . . . 7 quint. 50 l.

A M^{rs} DE MONTCORNET (ou MONTCORNEIL ?), (1) AIGUEBER ? et LA HOCQUETTE, (sans doute pour LA HOGUETTE ?) p^r ce q. leur estoist deub du maguesin 2 quint. 6 l.
Et despuis led. j^r second jusques au quinziesme. 17 quint. 50 l.

A M^{rs} DE LESTRADE (*a*) et LALOUBÈRE (*b*) p^r ce q. leur estoist deub. . . . . 90 l.
Et po^r le susd. temps. . . . . 14 quint. 16 l.

(*a*) On trouve une famille de ce nom dans le capitoulat de Toulouse.

(1) La seigneurie de Montcorneil appartenait vers cette époque à la maison de la Barthe.

(b) Devait être de la famille Du Bourg de La Loubère, de Toulouse.

A M^{rs} DE Ste GEMME (a) et LARCAN (b), po^r ce que leur estoist deub. . . . . 1 quint.
Et despuis led. temps.. . . . . 14 quint. 6 l.

   Total de la 2e page du mss. . . . 103 quint. 64 l.

(a) De Gères de Ste Gemme (voir au rôle IV).
(b) Preissac de Larcan (voir au rôle IV).

A M^r. DE St-SIVIER, que luy estoist deub. . . . 1 quint.
Et despuis led. temps.. . . . . 7 quint. 8 l.

  Probablement un Montaut, de la branche des sgrs de St-Sivié. (voir au rôle suivant).

A M^r DE LANBERT, po^r ce que lui estoist deub. . . 46 l.
Et po^r le susd. temps.. . . . . 7 quint. 4 l.

A M^r D'ANGLADET, que luy estoist deub. . . . . 16 l.
Et p^r le mesme temps q. dessus.. . . . . 7 quint.

A M^r DU GUEZ (DU GREZ ?), que lui estoist deub. . 50 l.
Et p^r le plus. . . . . 7 quint. 2 l.

A M^{rs} DE VIC, qui leur estoist deub. . . . . . . 50 l.
Et p^r le susd. temps. . . . . 14 quint. 6 l.

A M^r. DE St-AUBIN, que luy estoist deub. . . . . 42 l.
Et p^r le mesme temps.. . . . . 7 quint. 2 l.

A M^r. DU VERNESSA, que luy estoist deub. . . . 20 l.
Et pour le susd. temps. . . . . 7 quint.

A M^r DE LA BARRE, que luy estoist deub. . . . 1 quint.
Et p^r le susd. temps. . . . . 7 quint. 3 l.

A M^r DU VIVIER, que luy estoist deub. . . . . 1 quint.
Et p^r le susd. temps. . . . . 7 quint.

  Total de la 3e page du mss. 759 quint. 29 l. (1)

(1) Chiffre encore inexact, il faudrait à la fraction, 49 livres au lieu de 29.

A Mʳ DE LA PALISSE, q. luy estoist deub. . . . . . 48 l.
   Et en surplus. . . . . 7 quint. 2 l.

A Mʳ DE CASAUBON, q. luy estoist deub. . . . . . 42 l.
   Et despuis le d. joʳ second jusques au sixiesme. 3 quint. 3 l.

A Mʳ DE Sᵗ-ORENX poʳ ce que luy estoist deub. . . 38 l.
   Plus. . . . . 7 quint. 2 l.

   Saint-Orens : *d'azur, à la tour d'argent, maçonnée de sable, accompagnée à dextre et à senestre de deux croix de Malte aussi d'argent.*
   Y aurait-il Saint-Oreyx qui est un nom du Rouergue ?

A Mʳ DE LA BROUE pʳ ce que luy estoist deub. . . 1 quint.
   Et de plus. . . . . 7 quint.

A Mʳ DE LA MARE poʳ ce que luy estoist deub. . . 52 l.
   Et pʳ le susd. temps. . . . . 7 quint.

A Mʳ DE PÉRICARD pʳ ce que luy estoist deub. . . 50 l.
   Et pʳ le susd. temps. . . . . 7 quint. 6 l.

A Mʳ DE LA VERNIE (VERNIS ?) que luy estoist deub. 16 l.
   Et pʳ le susd. temps. . . . . 7 quint. 4 l.

A Mʳ DE LARTIGOLE, pʳ tout le susd. temps. . . . 7 quint.

   De la maison de la Barthe (vʳ rôle IV).

A Mʳ DE LA ROUILH, que lui estoist deub. . . . . 1 quint.
   Et pʳ le susd. temps. . . . . 7 quint.

   Total, 4ᵉ page du mss. . . . 64 quint. 1 l. (1)

A Mʳ DE REBIGNAN, q. luy estoist deub. . . . . . 36 l.
   Et pʳ tout le susd. temps. . . . . . . 7 quint. 4 l.

A Mʳ DE SALEBERT (SALEVERT ?) qui a comancé le dixᵉ dud. moys, par comandemᵗ de Mʳ de Montestruc. . 72 l.

---

(1) Addition également inexacte. Il faudrait : 63 quintaux, 63 livres.

A M^r DU JARDIN, le 14 (ou 4) dud. moys. . 3 quint. 80 l.

    Total partiel de la 5e page du mss.   . 11 quint. 92 l.

Au sieurgien, p^r ce que luy estoist deub. . . . . . 80 l.
Et p^r le susd. temps à 40 l. par j^r . . . 5 quint. 60 l.
Au forrier, po^r le susd. temps. . . . . . 5 quint. 60 l.
Au tronpète, po^r le susd. temps. . . . . 5 quint. 60 l.
Au mar^{al} et au cellier. . . . . 5 quint. 60 l.

    Second total de la 5e page du mss. . . 24 quint. (1).

  Monte tout. . . 368 quint. 62 l.
  Reste. . . . . 31 quint. 38 l.

Nota. — Le total général, au lieu de 368 quintaux, 62 livres, donne en réalité, 367 quintaux, 44 livres. C'est donc une erreur totale de 118 livres qui a été commise sur le manuscrit, et par suite, le *reste* devrait se monter à 32 quintaux, 56 livres, la somme de l'emmagasinement étant évidemment de 400 quintaux. On observera aussi que dans cet *état*, les rations ne sont pas parfaitement égales pour tous les gendarmes, quelques-uns d'entre eux recevant en sus, des fractions dont l'explication n'est pas fournie par le rôle.

(1) Inexact, il faut : 23 quint. 20 livres.

IV.

Ce rôle fort incomplet, puisqu'il lui manque plusieurs pages, entre autres celle de l'en-tête et celle de la finale, accompagnait dans nos archives la pièce qui précède. Le papier est de même nature et de même dimension. L'écriture, du commencement du XVIIe siècle, paraît aussi la même dans l'un et l'autre rôles, et pourrait être de Girard, secrétaire du duc d'Épernon, autant qu'on peut en juger en la comparant à celle des nombreuses lettres que nous possédons et qui ont été adressées à Jacques de Verdelin, sgr d'Orlac, par Jean-Louis de la Valette. On sait que ce dernier ne faisait que signer sa correspondance, écrite de la main de Girard ou de celle de Faye, ses secrétaires. Le rôle que nous donnons se compose de cinq feuillets lacérés ; rien n'indique le nombre de ceux qui ont été adirés. Tout porte à croire que cette liste n'était autre chose que l'*État-général* de la compagnie des gendarmes de M. d'Épernon, car on y retrouve la plupart des noms qui figurent déjà dans le rôle de 1616. Seulement, ces noms sont ici accompagnés d'indications patronymiques fort précieuses pour la désignation des personnages en question et des diverses contrées qu'ils habitaient. Cette seconde liste servira donc à contrôler et à complémenter celle qui précède.

JACQUES de JA......eur (sieur) *de Boursaguet, diocèse de Rieux.*

Serait-ce pour Bussaquet ?

BERNARD de ....eur (sieur) *de Salevert, diocèse et sénéchaussée d'Angoulmois.*

JEHAN TROUILL.....ur (sieur) *de la Grange, en la paroisse de Bonneuil en Angoulmois.*

On trouve écrit plus bas, dans ce même rôle, et effacé, sans doute comme double emploi : Trouillier (ou Trouillais ?) sieur de la Grange, en la paroisse de Bonneuil. — C'est évidemment le même personnage.

DE LAMARE, *sieur dud. lieu, diocèse de Poytiers.*
MARQ JOUSSET (ROUSSET ?) *sieur d'Anglades, paroisse de Caulnac en Médoc, archevesché de Bourdeaux.*

CLAUDE DE CHANGY, *sieur du Vivier, diocèse et ressort de Poytiers.*

Sans doute le même que M. du Vivier, ainsi désigné dans le rôle précédent.

CHARLES-FRANÇOIS, *sieur de LA BARRE, diocèse et ressort de Poytiers.*

La Barre, du Poitou, encore représentés, notamment dans l'armée, portent : *d'argent, à la barre d'azur, chargée de 3 coquilles d'or, accompagnée de 2 merlettes de sable, une en chef et l'autre en pointe.*

JEHAN DU VIGUIER, *sieur de la Vergne, de la ville d'Agen en Agénois.*

CLAUDE LAMBERT.........*lieu, demeurant en la ville de Xainctes.*

JEHAN DE COUX, *si....* (sieur) .....*ac, diocèse et ressort d'Agénois.*

ANTHOINE RAFFIN, *sie...* (sieur de) ... *Péricard.*

Le même évidemment que celui désigné plus haut, sous le nom de M. de Péricard. — Il a existé dans le Rouergue, une famille de Raffin de la Raffinie, qui portait : *d'azur, à la fasce d'argent, accompagnée de 3 étoiles d'or en chef,* aliàs : *d'argent, à deux Raffés (ou raves) de sinople, en pal.*

JEHAN BERNARD, *sieur de la Badye.*

4

GEORGES de la PERSONNE, *sieur du Puy, de la parr^e de Perpezac-le-Blanc, en Limouzin.*

.... *sieur de Saincte-Mesme.*

JEHAN de PRECHAC, *seigneur de Larcan, en la conté d'Armagnac.*

> Le même que celui qui est désigné plus haut, sous le nom de M. de Larcan. — Ce doit être Jean de Preissac, fils d'Alexandre de Preissac, baron d'Esclignac, sgr de Larcan, etc. et de Philiberte de Savaillon — Preissac : *d'argent, au lion de gueules, armé, lampassé et couronné d'or.*

CHARLES de LARC....... (LARCHE ?)..*eur* (sieur) *de Rochefort, diocèse et sénéchaussée de Xainctes.*

JEHAN de BARESGE, *sieur de Molives (ou Molières ?), en la viconté de Nébouzan.*

> Sans doute le même que celui rapporté plus haut, avec Mrs Guyar et Gajan.

BERTRAND de GAJAN, *seigneur dudit lieu, diocèse de Commenges, sénéchaussée d'Armagnac.*

> Même observation.

FRANÇOIS RAJOLLET, *s^r de Lissondes, diocèse de Lombès, sénéchaussée de Thoulouse.*

JEHAN de BARESGE, *sieur de Layte, en la parroisse de Villards en Angoulmois.*

JEHAN DESMIER, *sieur de la Sauzay ? et d'Orte, de la paroisse de Vibrac-Cherante en Angoulmois.*

JEHAN-LOUIS du CARR......*eur* (sieur) *de Boisseau, en la Parr. de Sainct-Pau en Angoulmois.*

JEHAN de LAROGUAN, *sieur de la Hoguette, diocèse de Lombès, sénéchaussée d'Astarac.*

LOUIS de FODOAS, *sieur de Sainct-Aubin, diocèse de* Letour (Lectoure), *sénéchaussée d'Armagnac.*

Évidemment le même que celui qui est désigné, plus haut, sous le nom de M. de Saint-Aubin. — Faudoas : *Écartelé, aux 1 et 4, d'azur, à la croix d'or; aux 2 et 3 de France.* — Pouvait appartenir aux Rochechoüart de Faudoas.

FRANÇOIS MONEREAU, *sieur de Champagne, parr. de Borsac (Brossac), diocèse et sénéchaussée d'Angoulmois.*

Mosnereau, s^{rs} de Champagne : *d'azur, à 3 fasces d'argent, surmontées de deux (aliàs trois) glands d'or en chef.*

GASPART DE NAUGARET, *sieur de la Tour, diocèse de Rieux, sénéchaussée de Thoulouze.*

Sans doute de la famille de Nogaret, à laquelle appartenait le duc d'Épernon lui-même, et peut-être de la branche dite de Roqueserrière, qui était cadette. — Nogaret : *d'argent, au noyer de sinople, au chef de gueules, chargé d'une croisette potencée d'argent.*

BERNARD F..... (FRANÇOIS ?) DU BOURG, *sieur de la Loubère, en la conté de Commenges di..... (diocèse) .... eux (de Rieux)*, *sénéchaussée de Thoulouse.*

Évidemment le même que celui qui est mentionné plus haut, avec M. de Lestrade, sous le nom de M. de la Loubère. M. de la Roque, en son *Armorial du Haut-Languedoc*, article du Bourg, ajoute que l'on trouve avec des *armes différentes*, dans l'*Armorial de 1696* (diocèse de Toulouse), Louis du Bourg, sieur de la Loubère : *de gueules, à la croix d'argent surmontée d'un bourg du même, parti d'argent au noyer de sinople.* Mais cet auteur n'aura sans doute pas pris garde qu'il s'agissait ici d'armes *suppléées* et non pas *présentées.* Tout porte donc à croire que les du Bourg de la Loubère sont les mêmes que ceux de Rochemonteix, encore représentés à Toulouse, et qui portent : *d'azur, à 3 tiges d'épine d'argent, 2 et 1.*

DENIS DE VIC, *sieur .....rtigou, en la conté et diocèse de Commenges, sénéchaussée de Toulouze.*

ROGIER DE BOUSAUL, *sieur d'Espenan, en la conté de Macgurac, sénéchaussée d'Auch.*

ANDRÉ FREIGNAN (FRIGNAN ou FREIGNAU ?), *sieur de la Forest, en la parr. de Villards en Angoulmois.*

Villars, commune du canton de La Valette (Charente).

JEHAN VINSONNEAU, *sieur de la Petillerie, en la parr. de Roulet en Angoulmois.*

Roullet, commune du canton d'Angoulême.

JEHAN VINSONNEAU, *sieur de la Pereuze, en la parr. de Roulet en Angoulmois.*

Ne peut être que Jean Vinsonneau, écuyer, sgr de la Péruse et de Tillou, gendarme de la compagnie du duc d'Épernon, marié deux fois : 1° à Jeanne Pelluchon ; 2° à Jeanne Geoffrion, dame de Tillou, du Sollanson et de Bouthiers. Il eut du premier mariage, Jeanne Vinsonneau, mariée, 1608, à Jacques de Verdelin, chevalier, sgr d'Orlac, dont il a été déjà parlé plus haut ; et du second mariage, trois enfants : 1° Jacquette Vinsonneau, mariée elle-même deux fois : à Charles de Crugy, marquis de Marcillac (1616), et à Adam de Châteauneuf-Randon ; 2° Marie Vinsonneau, mariée à René de la Tour, chevalier, sgr-baron de Saint-Fort-sur-Né ; 3° Bonaventure Vinsonneau, écuyer, sgr de la Péruse, qui aurait laissé trois enfants : *Jean* ; *Noël*, écuyer, sgr de la Péruse ; et *Bartholomée*, cette dernière, morte sans alliance.

GUILLAUME DE LA CASSAGNE .... *ud. lieu en Xainctonge.*

Sans doute des La Cassagne, sgrs de Saint-Laurent, qui portaient : *d'azur, au dauphin couronné d'argent.*

FRANÇOIS DU BOULL.. (DU BOULET), ...*ur* (sieur) *de la Brouhe, en la parroisse de Rouillac en Angoulmois.*

Du Boulet de la Broue, famille représentée : *d'argent, à la bande d'azur, chargée d'une fleur de lis d'or et de deux boulets du même, posés dans le sens de la bande, accostée, du côté du chef, d'un cygne d'azur ; au chef de gueules, chargé d'un boulet d'or.* (comm. par la famille). La maintenue d'Aguesseau donne les mêmes armes, sauf les *boulets* qui sont blasonnés *besants*. — Est-ce François du Boulet, marié à Barbe Hervé ? Il était fils de Louis du Boulet, marié à Catherine Aubert, et père d'autre François du Boulet, marié à Louise Rénier.

JEHAN VINSONNEAU, *sieur de La Laigne, en la parr. de Roulet, en Angoulmois.*

PIERRE VINSONNEAU, *sieur de la Péreuze, en Angoulmois.*

On trouve Pierre Vinsonneau, qualifié écuyer, sgr de la Laigne, nommé curateur de Marie de Verdelin, lors de l'inventaire de la terre d'Orlac, en 1619, mais sans indication du degré de parenté avec la mineure, qui était fille, comme on l'a déjà dit, de Jeanne Vinsonneau, morte en 1618.

JEHAN DE LA GARDELLE, *sieur de la maison-Neufve, diocèse et sénéchaussée de Limoges.*

FRANÇOIS DE MARAS, *sieur de la Rouilh, en la conté d'Estarac, diocèse d'Auch.*

JEHAN DES (laissé en blanc), *sieur de la Fourestye, demeur^t à Brives-la-Gaillarde en Limouzin.*

LOUIS RAVART, *sieur de Sainct-Amans, diocèse et ressort d'Angoulmois.*

Ravard de Saint-Amand : *palé d'azur et d'or, à 6 piles.* (M. d'Ag.).

PIERRE TRAVE ? *sieur de la Fleur et de Fondeneux, au ressort et diocèse de Xainctes.*

ANTHOINE DE SAINCT-AURINS, *sieur de Vernessac, en la conté d'Armagnac, diocèse et duché d'Auch, sénéchaussée de Thoulouze.*

Serait-ce le même personnage que celui désigné, au rôle précédent, sous le nom de Mr de Saint-Orenx ?

JACQUES D'AUROUX, *sieur de la Pallisse, en la conté d'Armagnac, diocèse d'Auch, sénéchaussée de Thoulouze.*

Évidemment le même que Mr *de la Palisse*, ainsi désigné plus haut.

JEHAN DE GÈRE, *sieur de Saincte-Gemme, en la conté d'Armagnac, diocèse et sénéchaussée de Letoure* (Lectoure).

Est-ce Jean-François-Hérard de Gère, sgr de Sainte-Gemme, né en 1587 ; ou bien son frère, Jean de Gère, sgr de Teulères, né en 1589 ? Ils étaient fils de François de Gère, sgr de Sainte-Gemme, et de Catherine de Pins. — De Gère : *de gueules, à 3 besants d'argent.* Famille représentée à Bordeaux.

FRANÇOIS DE SAINCT-PAU, *sieur de Bugar, en la conté et sénéchaussée de Bigorre.*

On a déjà vu le s^r de Bugar en l'autre rôle.

PHELIP DE LA BARTE, *sieur de Lartigolle, en la conté d'Estarac, diocèse d'Auch, sénéchaussée de Thoulouze.*

Philippe de la Barthe, chevalier, sgr de l'Artigolle en Astarac, maréchal-des-logis de la compagnie des gendarmes du duc d'Epernon, marié, en 1624, à Catherine de Goutz dont il eut : Jean de la Barthe, sgr de l'Artigolle, aussi maréchal-des-logis des gendarmes du duc d'Épernon. — La Barthe : *d'or, à 3 (aliàs 4) pals de gueules.* Famille représentée à Toulouse.

BERNARD DE SAINCT-SIVIER, *seigneur dudict lieu, au conté, diocèse et sénéchaussée de Bigorre.*

Sans doute Bernard de Montaut, fils de François de Montaut, sgr de Saint-Sivié, gentilh. ord^{re} de la ch. du roi, et de Paule de Faudoas. La seigneurie de Saint-Sivié, située près de Bénac.

PIERRE DE GARRAUD, *sieur de la Gironnerie, à Saint-Hiriex de la Perche, diocèse et ressort de Limoges.*

Peut-être pour du Garreau, de Saint-Yriex : *d'azur, au chevron d'or, accompagné d'une croix au pied fiché dans un cœur de même, en pointe.*

GALLIEN BÉRAIL, *sieur de Saint-Aurins (ou Aurine) et de Louc ? en la vicomté de Fesensaguet, diocèse de Lombès, sénéchaussée d'Armagnac.*

Bérail (aliàs Brail) d'Alou : *emmanché de gueules et d'argent.* (Vertot.) — L'Armorial de 1696 donne : *Parti émanché d'or et d'azur.*

JEHAN-BARTHÉLEMY DE BACHAULD, *seigneur dud. lieu, en la conté et diocèse de Commenges, sénéchaussée de Thoulouze.*

Peut-être le même que le s^r *de Bachos, en l'autre rôle.*

JEHAN DE MONTAULT, *sieur de Castelnaut, diocèse de Létour, sénéchaussée d'Armagnac, demeurant en Xainctonge.*

HENRY CASTRY, *sieur de Flaville, diocèse de Xainctes et ressort d'Angoulmois.*

Serait-ce pour *La Croix* de Flaville, qui aurait été mal écrit?

SAMUEL DE GALLET, *sieur de Portublé en Xainctonge.*

Samuel Gallet, écuyer, sgr de Thézac et du Portublé, qualifié premier gendarme de la compagnie du duc d'Épernon, marié à Suzanne Gombaud, qu'il épousa en 1627. Il était fils de Jacques Gallet, écuyer, sgr de Thézac et de Feusse, conseiller au présidial de Saintes, et de Marie Gombaud, et fut père de Jacques Gallet qui serait mort sans postérité, et de Jeanne Gallet, mariée à Guillaume de Mendose, chevalier, sgr de la Clisse et du Vernou, laquelle aurait été le dernier représentant de la branche aînée de cette famille (1).

Gallet : *d'or, au chevron de gueules, accompagné de 3 coqs de sable, pattés, becqués et crêtés d'or.* — Les Gallet se sont éteints en la personne de Louise Gallet, mariée, 1662, à Tristan de Verdelin, chev., sgr de la Vorre, fils de *Jacques*, sgr d'Orlac, lieutenant-colonel du régiment de Navarre, mentionné plus haut, et de sa seconde femme, Antoinette Green de Saint-Marsault. Elle était fille de Nicolas Gallet, écuyer, sgr de Fief-Gallet (en Pessines), de la Frégonnière, Saint-Seurin-de-Palène, La Mothe-Coutiers et Bougnaud, lieutenant d'une compagnie de gens de pied au régiment du duc d'Épernon, maintenu noble en 1635 (Cour des Aydes de Paris), lequel servit au ban dans l'armée de Lorraine, commandée par les s[rs] d'Angoulême et de la Force, (comme on le voit par un certificat du s[r] d'Albret, commandant la noblesse de Saintonge, du 18 nov. 1635), et de Marguerite

---

(1). Sur quoi nous ferons observer que Jacques Gallet et Marie Gombaud s'étant mariés le 20 octobre 1601, leur fils *Samuel* ne pouvait avoir en 1616 que 14 ans, ce qui tendrait à prouver ou que ce second rôle est postérieur à celui de 1616, ou qu'il s'agit peut-être ici d'un autre Samuel Gallet, oncle de celui-ci, et qualifié en 1597 gendarme d'une compagnie du roi sous M. Henri d'Albret; à moins d'admettre qu'on pouvait être gendarme à 14 ans.

Queu, et fut mère de Marie-Antoinette de Verdelin, qui porta la terre de Fief-Gallet à son mari, Henri-Seguin de Mirande, chev. de Saint-Louis, sgr de Thommeille, etc. dont vint : Françoise-Gabrielle de Mirande, mariée, 1724, à René Turpin, chev., sgr du Breuil-Marmaud.

JEHAN DE SAINCTE (a) *sieur dudict lieu, au diocèse de Rieux, sénéchaussée de Thoulouze.*

(a) Il y a sans doute ici un mot oublié ?

FRANÇOIS DE MEILHAN, *sieur dudict lieu, en la conté d'Estarac, diocèse d'Auch, sénéchaussée de Thoulouze.*

GUILLAUME DE BOUSSEST, *seigneur de Camperloc ? en la conté d'Estarac, diocèse d'Auch, sénéchaussée de Thoulouze.*

PHELIP DE REBEZIÈRE (ou REVEZIÈRE), *seigneur du Grès, au diocèse et ressort de Condon.*

FRANÇOIS DE GAULEJAC, *sieur de Barrière en Rivière de Verdun, diocèse de Montauban, sénéchaussée de Thoulouze.*

CÉSAR DE GAULEJAC, *sieur dud. lieu en Rivière de Verdun, diocèse de Montauban, sénéchaussée de Thoulouze.*

V.

ÉLECTION DE COGNAC

CAPITATION DE 1745

NOBLESSE

Rolle de répartition fait par nous Charles-Amable-Honoré Barentin, chevalier, seigneur d'Hardivilliers, les Belles Ruries et autres lieux, conseiller du Roy en ses conseils, maître des Requêtes ordinaire de son hôtel, intendant de Justice, Police et Finances en la Généralité de La Rochelle, de la capitation de la noblesse de l'Élection de Cognac, pour l'année mil sept cent quarante-cinq, ainsi qu'il suit :

VILLE DE COGNAC.

Le s^r comte D'ARS.. . . . . 30 l.
Domestique. 2

    Charles de Bremond, IIIe du nom, comte d'Ars, chevalier, sgr de La Garde-Merpins, Gimeux, Rochâve, Le Sollanson, etc., fit construire le château de La Garde, près Cognac, et mourut en 1765. Il était fils de Jean-Louis de Bremond, chevalier, marquis d'Ars, sgr de La Garde-Merpins, Angeac-Champagne, Coulonges, Rochâve, Gimeux, etc., capitaine des vaisseaux du roi, chevalier de Saint-Louis, et de Judith-Huberte de Sainte-Maure ; se maria, 1725, à Suzanne-Adélaïde-Antoinette-Gabrielle-Scholastique de Bremond d'Angeliers, sa parente, fille de Jean-Louis de Bremond, chevalier, sgr de La Madeleine, Segonzac, Angeliers, etc., et de Marie-Madeleine de Montalembert, et en eut, entre autres enfants : 1° Charles de Bremond, marquis d'Ars, tué glorieusement (1761), à bord de la frégate l'*Opale* (Voir la notice de M. A. de Barthélemy, Nantes, 1866, chez Vincent Forest) ; 2° Madeleine de Bremond, née à Cognac, mariée (1760) au marquis de Verdelin, son parent; femme remarquable par son esprit, à laquelle M. Sainte-Beuve a consacré une étude historique. Elle fit creuser, dans la paroisse d'Ars, le premier canal de desséchement des marais du Né, canal qui existe encore et qui a longtemps porté le nom de Canal-Verdelin. — Le comte d'Ars figure sur le rôle de la ville de Cognac qu'il habitait sans doute alors, et où il avait, rue Verdelin, une maison qui est aujourd'hui celle de M. Planat de La Faye, député au corps législatif.

Le sr DUCOUREAU, père.	12
Domestique.	1
Le sr DU COUREAU, fils.	6
Domestique.	1

Ils appartenaient probablement à la famille Saunier du Couraud, dont était *Alexis*, convoqué au ban de Saintonge, en 1758. Cette famille avait pour auteur Jean Saunier, reçu maire de Cognac en 1666 (26 décembre) pour l'année 1667, et fut maintenue en 1699.

Le sr DUCHILLOU.	10
Domestique.	1

Faut-il lire *de Chillou?* Une famille noble de ce nom existait à Angoulême, au XVIIe siècle. Elle possédait alors la seigneurie des Fontenelles (paroisse de Champniers) et serait sortie, d'après Vigier de la Pile, de l'échevinage d'Angoulême.

Le sr DE MONTALEMBERT-LA-CHAUDROUNE.	»,5e

Sans doute pour La Chaudrolle, près Cognac, qui aura

été mal lu ou mal écrit? — Ce nom ne figure pas dans la généalogie de l'ancienne maison de Montalembert.

Le s^r DE LA CHARTRIE, l'aîné.	3
Domestique.	1

Le s^r GAY DE LA CHARTRIE, le jeune.	3
Domestique.	1

Ils descendaient de Pierre Gay, avocat du roi à Cognac en 1629, et maire de cette ville en 1650, qui par ses nombreux et signalés services, lors du siége de 1651, conquit avec honneur la noblesse héréditaire dont sa postérité a constamment joui depuis cette époque. Cette famille est encore représentée à Cognac par M. le docteur Gay de La Chartrie, marié à d^{lle} Jaulin, et par son fils, aussi docteur-médecin. — Les deux cotisés ci-dessus devaient être fils de Jacques Gay, sgr de La Chartrie, et d'Elisabeth Vitel, et frères de Mathurine-Gertrude Gay, femme de Mathieu de Montalembert de Vaux, chevalier, sgr du Breuil. — François-Théodore Gay, écuyer, sgr des Fontenelles, portait : *d'or, au lion de sable.* (Arm^l 1696.)

La veuve du s^r DU ROULLET.	4

Faut-il voir ici Marie de La Rochefoucauld d'Orbay, mariée avec Antoine Boisson, écuyer, sgr du Roullet en Angoumois, de Rochereau etc., conseiller et procureur du roi au présidial d'Angoulême, dont l'une des filles, Marie-Rose Boisson, dame du Roullet, apporta cette terre à son mari, Jacques-Alphée Goulard, chevalier, marquis de Vervans, qu'elle épousa en 1700? — Les Green de Saint-Marsault étaient aussi sgrs du Roullet (en Aunis) et avaient des alliances du côté de Cognac.

La veuve du s^r HUON et son fils.	10
Domestique.	1
Le s^r GUILLET DE SAINT-MARTIN.	5

Cette famille comptait trois de ses membres parmi

les électeurs de la noblesse d'Angoumois en 1789 : 1° M. Guillet du Plessis, de Cognac; 2° Philippe Guillet, conseiller du roi et son avocat honoraire en la sénéchaussée de Cognac, sgr de Saint-Martin; 3° N. Guillet de Fontenelle, sgr de Fontenelle. Nous pensons que les deux derniers représentants du nom ont été : M. Jean-Augustin Guillet de Fontenelle, décédé célibataire, à La Fontenelle (en Merpins), le 16 janvier 1856, âgé de 68 ans; et M. Emmanuel-Augustin Guillet de Planteroche, ancien membre du conseil général de la Charente, etc., mort à Saint-Martin, près Cognac, en 1865, à l'âge de 74 ans, sans postérité, sa fille, mariée à M. Alphonse de Perry, étant décédée elle-même en 1864, sans laisser d'enfans.

Le s^r DE MONTALEMBERT DE LA VIGERIE. . . . 10
Domestique. 1

Jacob de Montalembert, chevalier, sgr de Maumont, La Vigerie, etc., né en 1672, mort en 1751, marié, 1705, à Marie-Jeanne Vigier, dame de La Vigerie, fille de *Théophile*, chevalier, sgr de La Vigerie, capitaine de vaisseau, et de Marguerite Audier. Il était fils de Pierre de Montalembert, chevalier, sgr de Vaux, etc., et de Jeanne de Sarragan, et fut père de Marc-René, marquis de Montalembert, sgr de Maumont, La Vigerie, etc., célèbre ingénieur militaire, l'un des hommes les plus marquants qu'ait produits l'Angoumois, né à Angoulême en 1714, et mort à Paris en 1800, doyen des généraux français et des membres de l'Académie des sciences.

CHERVES.

Le s^r CHEVALIER DE FONTAULIÈRE. 2

Appartenait-il à la famille Chevalier de Villemorin, sortie de l'échevinage de Saint-Jean-d'Angély?

SAINT-SULPICE.

Le s^r BADIFFE DE VAUJOMBE. 1

Famille qui, d'après Laîné, aurait été anoblie par

Louis XIV, en la personne de Jacques Badiffe, en 1644.

Le s^r TISSON, l'aîné. 6

Il faut lire probablement Tison ou Tizon.

La d^e v^e DE CURZAY 2

Peut-être Marie-Anne de Lastre, mariée (1720) à Jean de Curzay, sgr de Saint-André, dont elle eut Simon de Curzay, aussi sgr de Saint-André, marié (1755) à Marie Béraud du Pérou.

BOURG-CHARENTE.

La ve du s^r RAMBAUD, seigneur de Bourg-Charente. . 20
Domestiques 2

A cette famille doit appartenir M. Louis Rambaud de La Roque, propriétaire à Bassac, membre du conseil général de la Charente pour le canton de Jarnac. — On trouve aussi trois électeurs du nom de Rambaud, convoqués à l'assemblée de la noblesse d'Angoumois en 1789 : Rambaud de Torsac, capitaine au régiment Royal de la marine ; Rambaud de Maillou, son frère, lieutenant-colonel au régiment de Vexin, sgr de Saint-Saturnin ; et Mathurin de Maillou, capitaine au régiment de Rouergue, sgr des Brunelières.

PUYPEROU ET BOISREDON.

Le s^r CHASZOT 15
Domestiques 2

Serait-ce pour Chazeau ? Louis de Chazeau, sieur de La Reynie, était maire d'Angoulême en 1676.

JARNAC.

M. le comte DE JARNAC 66
Domestiques 6

Charles-Annibal de Rohan-Chabot, né en 1687, colonel d'un régiment d'infanterie de son nom en 1710, mort en 1762, fut comte de Jarnac par sa femme : Henriette-Charlotte Chabot, dame-comtesse de Jarnac, fille et unique héritière de Guy-Henri Chabot, comte de Jarnac, et de Charlotte-Armande de Rohan, qu'il avait épousée en 1715 et dont il n'eut point de postérité. Après la mort d'*Henriette-Charlotte*, 1769, le comté de Jarnac passa par substitution à divers membres de la famille Chabot. *Charles-Annibal* était le 3ᵉ fils de Louis de Rohan-Chabot, duc de Rohan, pair de France, et de Marie - Elisabeth - Catherine du Bec-Crespin de Grimaldy.

La dᵉ DE LA CHARLONNIE 5
Domestique. 1

La famille de La Charlonie, à laquelle appartenait *Gabriel*, écuyer, sʳ de *Nohère*, conseiller du roi, juge-prévost d'Angoulême, neveu de l'historien Corlieu, et auteur lui-même d'une histoire des évêques d'Angoulême, occupa un rang distingué dans la municipalité de cette ville dès 1578, et compte encore des représentants, entre autres, M. de La Charlonie qui habite Piedgelé, près d'Angoulême.

Le sʳ DEFFAUT 3
Domestique. 1

Ce nom doit être défiguré. Il faut peut-être lire Les Deffends. — On trouve un électeur du nom de La Faud de Chabrignac, en 1789. — Le Défend paraît avoir appartenu à la famille Laisné.

BOUTTEVILLE.

Le sʳ de ROCHEMONT. 3
Domestique. 1

Il devait être fils (si ce n'était lui-même) de Clément Boisson, écuyer, sgr de Rochemont, marié à N. Fé de Ségeville, et fils d'autre Clément Boisson, écuyer, sgr de Birac, et de N. Thomas. Cette famille qui a produit un maire d'Angoulême en 1642 (Jean Boisson, s^r de Bussac), était encore représentée à l'assemblé de la noblesse (1789), par N. Boisson de Rochemont, colonel de dragons.

Le s^r ORRY DE CAILLAUDIÈRE	3
Domestique.	1

BONNEUIL.

Le s^r DE BONNEUIL	6
Domestique.	1
Le s^r DE SAINT-GEORGES	6
Domestique.	1

GONDEVILLE.

Le s^r DE GONDEVILLE.	10
Domestique.	1

Sans doute Philippe Laisné, sgr de Gondeville, fils d'Isaac Laisné, chevalier, sgr de Nanclas, mort lieutenant-général des armées du roi, après 1704, et de Françoise Laisné de Gondeville.

Le s^r DE NANCLARS	15
Domestique.	1

Devait être également de la famille Laisné de Nanclas qui était représentée en Angoumois (1789) dans la branche de Chevallon et du Pont-d'Herpe.—Un M. Laisné de la Couronne habitait la ville de Cognac (1866).

LIGNIÈRES.

Le s^r RENOUARD D'ARMELLE	20
Domestique.	2

Nous ignorons si cette famille, maintenue en 1667, existe encore.

Le sr DE LA MAGDELEINE, père 20
Domestiques. 2

Le sr DE LA MAGDELEINE, fils. 15
Domestique. 2

La d{e} comtesse DE PLATS. 15
Domestique. 2

    Famille ancienne et distinguée qui semble s'être éteinte dans celle de Robinet de Plats, qui habite encore l'Angoumois. De Plas, évêque de Périgueux, portait : *D'argent, à 3 jumelles de gueules, posées en bande.*

CRITEUIL.

Le sr BERNARD DE LUCHET 12
Domestiques 2

    Famille qui paraît sortie de l'échevinage d'Angoulême.

MAREUIL.

Le sr DE BONDEVILLE. 20
Domestiques 2

NERCILLAC.

Le sr DE ROMMEFORT. 10
Domestique 1

    Probablement des Deschamps de Romefort et de La Chalousie, qui votent avec la noblesse d'Angoumois en 1789. — On trouve aussi Jean-Gaspard Pandin, chevavalier, sgr de Romefort, etc., marié 1738, à Marie-Elisabeth-Henriette Green de Saint-Marsault, et décédé en 1766. Son père, Charles Pandin, sgr de Romefort, avait servi au ban d'Angoumois en 1702.

VAUX.

Le s^r DE MONTALEMBERT DE VAUX. 20
Domestique. 2

Jean, marquis de Montalembert de Vaux, chevalier, sgr du Breuil, etc., marié (1724) à Jeanne de Montalembert, sa cousine germaine, dame de Vaux et de Plaisac, fille de *Pierre*, chevalier, sgr de Vaux et de Plaisac, et de Françoise-Angélique Poussard-d'Anguitard. Il était fils de Mathieu de Montalembert, sgr du Breuil, et de Mathurine Gay de la Chartrie, et fut l'aïeul de Jeanne-Marie de Montalembert, la dernière de ce rameau des seigneurs de Vaux, mariée à Joseph Couturier de Fournoue, dont elle eut un fils qui fût autorisé, par ordonnance royale (1814), à ajouter à son nom celui de Montalembert.

SIGOGNE.

Le s^r DE L'ETANG DU VIVIER. 15
Domestiques. 2

Sans doute Jean-René de Lestang, sgr de Rulle, de Sigogne et du Vivier, né en 1720, et marié à Marie-Anne de Lestang. Il était fils de *Pierre*, sgr de Rulle, qui commanda la noblesse d'Angoumois en 1702, et de Jacquette du Puy, et fut père de Jean-César de Lestang, marquis de Rulle, chevau-léger de la garde du roi, marié (1776) à Elisabeth de Magne. — Famille représentée en Angoumois dans la branche de Rulle, et en Poitou dans la branche de Ringère.

L'ENCLAVE DE FLEURAC.

Le s^r DE FLEURAC. 10
Domestique. 2

CHASSORS.

Les d^{lles} DE BRETAUVILLE. 6
Domestique. 1

Bonnefoy de Bretauville, famille qui était encore représentée en 1789, aux assemblées électorales de la Saintonge et de l'Angoumois.

SAINT-PALAIS.

La d^lle DE LADOURVILLE. 5
La Dourville appartenait en 1626 aux Laisné.

CHATEAUNEUF.

Le s^r FÉ DE VEILLARD. 3
Domestique. 1

La famille Fé de Boisragon, de Ségeville, etc., qui avait pour auteurs : Jean Fé, s^r de Boisragon, maire d'Angoulême en 1690, et Philippe Fé, maire de Cognac en 1661, comptait encore plusieurs représentants en 1789; mais nous la croyons éteinte de nos jours.

Le s^r DE FAYOLLE. 8
Domestique. 1

MOULIDARS.

Le s^r DELARTIGE. 50
Domestiques. 2

Peut-être Jacques Le Meunier, sgr de Lartige, etc., marié à N. Chérade, fille d'*Etienne*, lieutenant-général du présidial d'Angoulême. — Famille représentée en 1789.

Le s^r MÉHÉE. 1

CHAMPOUILLON (CHAMP-MILLON.)

Le s^r PONTEVIN. 1

Evidemment pour Pontlevin, de la famille des Guy, sgrs de Pontlevin, en la paroisse de Champmillon.

SAINT-ESTÈPHE.

La v⁰ du sʳ LAMBERT DES ANDREAUX et son fils. 20
Domestiques. 2

 Issue de François Lambert, avocat du roi en 1618, cette famille était représentée à l'assemblée électorale de 1789.

MOSNAC.

Le sʳ DE SAINT-HERMINE. 10
Domestique. 1

 Ce doit-être Hélie de Sainte-Hermine, chevalier, sgr de La Barrière, mort en 1768, et marié à Madeleine Fé de Boisragon dont descendent MM. de Sainte-Hermine aujourd'hui existants. Il était fils de *César*, chevalier, sgr de Saint-Laurent et de La Barrière, et de Marie Le Grand des Gallois. — La Barrière, en la paroisse de Mosnac.

VERDILLE.

Le sʳ DE LAPORTE DE LESTRADE. 15
Domestiques. 2

 Sans doute N. de La Porte, écuyer, sgr d'Estrades, marié à N. Broussard que l'on croit fille de Bertrand Broussard, écuyer, sgr de Fontmarais, gentilhomme de la vénerie du roi, et d'Elisabeth de Jansen ; à moins pourtant que ce ne soit son fils, Jacques de La Porte, écuyer, sgr d'Estrades, né vers 1729, à Estrades (paroisse de Verdille), marié à Cognac, avec Marie-Julie Lériget de Château-Gaillard, mort en 1811, à l'âge de 82 ans, laissant entre autres enfants : Henri-Gaspard de La Porte d'Estrades, né en 1760, émigré, chevalier de Saint-Louis, conseiller de préfecture à Angoulême en 1815, marié 2 fois, 1° (1782) à Marie-Félicité de Livenne ; 2° (1821) à Marguerite Barbot de La Trésorière.

L'ENCLAVE DU TEMPLE.

Le s^r DE MONBRON, fils. . . . . 0,5^s

Serait-ce Etienne-Adrien Chérade, lieutenant-général au présidial d'Angoulême ? Le chiffre de sa cotisation ne permet guère de le supposer. Cette famille est représentée non-seulement à La Rochelle, mais encore dans le département de la Haute-Vienne.

SAINT-AMANT DE NOIRE.

La ve du s^r FRANÇOIS LAISNÉ DE BAUCAIRE. . . 2

Le s^r DE FONGUYON. 45
Domestiques. 2

Marc-René Gandillaud, sgr de Fonguyon, marié (1711) à Julie Vigier de La Vigerie, ou leur fils N. Gandillaud, marié à N. Cosson ? Ce dernier était frère d'Elisabeth Gandillaud, mariée à Hélie-Jean des Ruaux, sgr de Rouffiac, brigadier des armées du roi en 1747.

On trouve plus tard (1789) Jean et Pierre Poitevin, qualifiés sgrs de Fontguyon. Ils étaient directeurs généraux des fonderies du roi à Strasbourg. Ce nom était encore représenté, il y a quelques années, en Angoumois, notamment par m^r de Fontguyon qui habitait alors Gadmoulin, près Cognac.

CHARMANT-JULLACQUET (JUILLAGUET).

La ve du s^r VILLAUTRAY. 6

Il faut lire évidemment Villoutreys, de la branche de la Diville, famille issue d'Etienne de Villoutreys, maire d'Angoulême en 1588, et qui est sans doute la même que celle représentée à Paris.

FOUQUEURES.

Le sʳ DE BARBEZIÈRE DE LA TALONNERIE... . . 10
Domestique. 1

> Est-ce Charles de Barbezières, chevalier, sgr de La Tallonnière, marié (1705) à Marie-Jeanne Chasteigner de Rouvre, ou son fils, *Charles-Antoine*, sgr de La Talonnière et de La Chapelle-Marcillac, officier au régiment de Pons, qui épousa (1735) Marie de Livenne de La Chapelle?

ANGEAC, SAINT-AMANT ET GRAVES.

La veuve du sʳ THIOULLET, gentilhomme au bec des corbins. . . . . , 20
Domestique. . . , ... 2

Somme totale du présent rolle, six cent soixante-seize livres dix sols.. . . . . 676,10ˢ
Deux sols pour livre, soixante-sept livres treize sols 67,13ˢ

744, 3ˢ

Au payement desquelles somme principale et deux sols pour livre seront les dénommés au présent Rolle contraints par les voyes et dans les termes portés par la déclaration du roy du mois de mars mil sept cent deux, entre les mains du receveur des tailles de ladite Élection de Cognac en exercice l'année prochaine mil sept cent quarante-cinq. Fait à la Rochelle, le quinze novembre mil sept cent quarante-quatre.

Signé : BARENTIN.

ÉLECTION DE COGNAC

CAPITATION DE 1745

PRIVILÉGIÉS

Rolle de répartition fait par nous Charles-Amable-Honoré Barantin, chevalier, seigneur d'Hardilliers, les Belles Ruries et autres lieux, conseiller du Roy en ses conseils, maistre des Requêtes ordinaire de son hôtel et intendant de Justice, Police et Finances en la Généralité de La Rochelle, de la capitation des privilégiés de l'Election de Cognac pour l'année prochaine mil sept cent quarante-cinq, ainsi qu'il suit :

OFFICIERS DU SIÉGE.

Le s^r FÉ, lieutenant-général. . . . . 60 l.
Domestiques. 2

Suivant Lainé *(Nobiliaire de La Rochelle)* cette famille était divisée en 2 branches : 1° celle des Fé de Saint-Marin (Saint-Martin?) et de Ségeville, issue de *Philippe*, président en l'Élection de Cognac, maire de cette ville en 1661 ; 2° celle des Fé de Boisragon, issue de *Jean*, échevin d'Angoulême en 1686, maire en 1690 et 1692, pourvu de la noblesse comme s'il avait exercé trois ans, (dit Sanson), et marié (suivant Vigier de La Pile) à d^{lle} de L'Étoile dont entre autres enfants il eut Jean-Louis Fé, sgr de Fondenis, etc., lieutenant-particulier du présidial d'Angoulême, marié à d^{lle} Rambaud. — Ces deux branches auraient été maintenues nobles en 1699.

La veuve du s⁰ ALLENET.. 5
Domestiques. 1

Le s⁰ RAMBAUD, lieutenant-particulier. . , . . . 30
Domestiques. 2

Le s⁰ ALLENET, lieutenant-criminel. 15
Domestiques. 1

> Ce doit être Jacques Allenet, sgr de Guisdon, qui fut aussi maire de Cognac, et qui descendait de Jean Allenet, bourgeois et l'un des échevins de cette ville lors du siége de 1651.

Le s⁰ PELUCHON, assesseur. 40
Domestiques. 2

> De la famille Pelluchon des Touches.

Le s⁰ MESNARD, conseiller. 20
Domestiques. 1

> Peut-être de la famille de Jean Mesnard, maire d'Angoulême, décédé en 1741?

La veuve du s⁰ BOUCHER, assesseur. 3
Domestiques. 2

Le s⁰ GUILLET, avocat du roy. 30
Domestiques. 1

> Évidemment de la même famille que les Guillet de Saint-Martin.

Le s⁰ FOUQUES, procureur du roi. 30
Domestiques. 2

La veuve du s⁰ VACHER, avocat du roy. 6
Domestiques. 1

Le sr GUILLET, greffier. 20
Domestiques. 1

La veuve du sr FÉ, lieutenant-général. 6
Domestiques. 1

OFFICIERS DE L'ÉLECTION.

Le sr FÉ DUTILLET, président. 30
Domestiques. 1

Le sr GUILLET, lieutenant. 30
Domestiques. 1

Le sr DEXMIER, élu. 30
Domestiques. 1

François Dexmier, sr de Bellaire, consr du roy en l'Élection de Cognac, et Louis Dexmier, consr du roy, lieutenant-criminel de Cognac, portaient : *d'argent, à la croix ancrée de gueules.* (Armorial 1696).

Le sr RANCUREAU, élu. *famille Faure ?* . . . 30
Domestiques. 1
Le sr CHABOT. 30
Domestiques. 1

Jean Chabot, marié à Cognac (1702) à Marguerite Perrin, fille de Jacques Perrin, sr de Boussac, conseiller en l'Élection, qui constitua en dot à sa fille sa charge de conseiller-élu en ladite Élection de Cognac, et s'en démit en faveur de son gendre. Jean Chabot fut maire de Cognac en 1722, acheta (1752) une charge de secrétaire du roi à Bordeaux, et mourut âgé de 82 ans en 1765. Il était fils d'Isaac Chabot, sgr de Boisfort, et de Sylvie Régnier, et eut entre autres enfants : Jean Chabot, écuyer, sgr du Breuil, qualifié (1746) lieutenant-général de police de la ville de Cognac, charge qui lui fut cédée, dans l'intervalle de 1744-1746, par son beau-frère Jean

Baptiste Perrin, marié à Marguerite Chabot, sa sœur. — Cette famille qui a comparu aux assemblées électorales de la noblesse de la sénéchaussée d'Angoumois (1789), compte plusieurs représentants dans les branches de Jouhé, de Lussay et de Bouin. Elle porte : *d'azur, à 2 chabots d'argent posés en fasce, celui du chef regardant à dextre, et celui de la pointe à sénestre.*

La veuve du s^r VITEL, procureur du roy.. 10

Le s^r VITEL, procureur du roi. 30
Domestiques. 1

La veuve du s^r DE LA RICHARDIÈRE, greffier.. . . 10

Le s^r DE LA RICHARDIÈRE, greffier. 15
Domestiques. 1

Le s^r DEXMIER DE LA GROIX, receveur des tailles. . 100
Domestiques. 4

Le s^r BERTRAND DE PUYRAIMOND, receveur des tailles. 100
Domestiques. 4

La veuve du s^r DEXMIER, greffier de l'Élection.. . . 9
Domestiques. 1

OFFICIERS DU CORPS DE VILLE.

Le s^r PETIT, maire.. 5

Le s^r POIRIER, échevin. 10
Domestiques. 1

En 1758, Jean-Nicolas Poirier, écuyer, sieur de Villevert, receveur des octrois de la ville de Cognac, plaide contre le prieur de Saint-Rémy de Merpins au sujet d'un droit de champart et d'agrier réclamé par ce dernier sur le domaine de Villevert sis en la paroisse dudit Merpins.

Le s^r PERRIN DE BOUSSAC.. 10
Domestiques. 1

    Peut-être Jean-Baptiste Perrin, qui fut lieutenant-général de la ville de Cognac, et qui épousa, comme on l'a déjà vu plus haut, Marguerite Chabot, sa parente. — La famille Perrin de Boussac est représentée par deux frères : M. Perrin, aîné, qui habite Cognac, et M. Adolphe Perrin, domicilié à Tonnay-Charente.

OFFICIERS DES EAUX ET FORÊTS.

Le s^r NADAUD DE BELLEJOYE, garde marteau. . 8
Domestiques. 1

    Pouvait appartenir aux Nadaud de Neuillac?

Le s^r COTHU, procureur du roy. 8
Domestiques. 1
Le s^r DEXMIER, receveur particulier. 10

Somme totale du présent rolle, sept cent quatre-vingt-neuf livres. . . . . 789 l.
Deux sols pour livre, soixante-dix-huit, dix-huit sols. . . . . 78^l,18^s

                                        867^l,18^s

Au payement desquelles sommes principales et deux sols pour livres, seront les dénommés au présent rolle contraints et par les voies et dans les termes portés par la déclaration du roy, du mois de mars 1702, entre les mains du receveur des tailles de ladite Élection de Cognac en exercice l'année prochaine mil sept cent quarante-cinq. Fait à la Rochelle, le premier décembre mil sept cent quarante-quatre.

ERRATA

pour la brochure intitulée : *La noblesse d'Angoumois en* 1635
(Niort, 1866.)

Les *Rôles Saintongeais* n'étant en quelque sorte que la continuation de notre étude sur les familles des deux provinces de Saintonge et d'Angoumois, il nous a paru que la rectification de quelques erreurs typographiques et autres qui se sont glissées dans notre brochure de 1866, trouverait naturellement sa place ici, à la suite de l'*Élection* de Cognac.

Page 7, ligne 16, au lieu de *Rocâhve*, lire Rochâve.

Page 13, ligne 4, au lieu de *commune*, lire *paroisse*.

Page 18, ligne 10, *Isaac-François* Odet, marié à Anne de Villemandy, supposition inadmissible, car il était fils de *Charles* (et non pas de *Joseph*) Odet du Fouilloux, et de Suzanne de Lescours, mariée en 1632. Le François Odet dont il est question, devait donc être fils de Joseph Odet du Fouilloux, et de Marie du Lau, mariée en 1607, et frère de *Charles*, marié à Suzanne de Lescours. Ils étaient petits fils de Nicolas Odet, sgr du Fouilloux en 1587, fils lui-même d'Olivier Odet, sgr du Fouilloux, marié (1539) à Roberte Dexmier. — Quant à *Isaac-François*, et à Anne de Villemandy, mariés le 20 février 1655, ils eurent cinq enfants, 3 garçons et 2 filles, entre autres: Charles Odet, s[r] du Fouilloux et des Houlières, commissaire pour les édits dans la Saintonge en 1681, marié (1679) à Anne Pasquet, et mort en 1687, laissant une fille (notes communiquées, extraites des archives du château du Fouilloux.)

Page 24, dernière ligne. C'est par erreur que les armes des Dexmier sont indiquées comme ayant été relatées plus haut (v[r] à la table héraldique, page 70.)

Page 34, ligne 28, au lieu d'*accompagné*, lire *chargé*.

Page 35, ligne 12, au lieu de *Perrot de La Chauffe*, lire *Perry de la Chauffie* qui aura été mal lu par le copiste.

Page 38, ligne 10, au lieu de *et Jeanne*, lire et *de* Jeanne.

Page 48, avant-dernière ligne, au lieu de *et*, lire et.

Page 62, ligne 9, *François de Voyon*, supposition erronée. Il s'agit de François des Ruaux, sgr du Puydoriou, marié (1639) à Renée de Jourdain dont postérité établie en Poitou. Il était fils cadet d'autre François des Ruaux, avocat du roi, maire d'Angoulême (1606-1621), et d'Anne de Morel, mariée en 1596. (Sur cette famille des anciens sgrs de Rouffiac, voir Vigier de La Pile, page 107.) Armes : *De sable, semé d'étoiles d'or, au cheval cabré d'argent, brochant sur le tout.*

Page 95, avant l'article *Gimbert*, placer l'article suivant qui avait omis dans la copie :

Saint-Cibardeau... GEOFFROY, s^r des Bouchaux.

Porte : *de gueules, à 2 chevrons d'or.*

VI

ÉLECTION DE SAINTES

CAPITATION

(1750-1751)

NOBLESSE

Rolle de répartition fait par nous, Louis-Guillaume de Blair, chevalier, seigneur de Boisemont, Courte-Manche et autres lieux, conseiller du Roi en ses conseils, maître des Requêtes ordinaire de son hôtel, intendant de Justice, Police et Finances de la Généralité de La Rochelle, de la capitation de la noblesse de l'Election de Saintes, pour l'année mil sept cent cinquante-un.

	année 1750	année 1751
VILLE DE SAINTES.		
Le sr GUERRIN	6 l.	6 l.
Domestique.	1	1

L'un des fils de Pierre de Guérin, chev., sgr de Bizac et de l'Etang, lieutenant-général d'épée de la sénéchaussée de Saintonge, et de Louise-Françoise de Mirande. — Est-ce *Pierre*, écuyer, sgr de l'Etang et de Bizac, marié à Louise Grégoireau? — Est-ce *Pierre-Etienne-Gabriel*, sr de Bellefond, capitaine de vaisseau, chev. de Saint-Louis, mort à Saintes, sans alliance, en 1795? — Ils avaient encore 2 frères : Jean-Baptiste de Guérin, sr de Bizac, marié à Marie de Ravalet (1754), et mort en 1779; et Antoine-Henri de Guérin, sr de Montvallon, mort en 1790, sans enfants de sa seconde femme, Jeanne-Elisabeth Laugerat; et trois sœurs dont l'une, Marie de Guérin, mariée, 1739, au marquis Louis de Sainte-Maure, fut l'aïeule de Louis-Auguste-Marie-César, comte de Sainte-Maure, pair de France sous la Restauration.

Le sr LEMOINE DE FLÉAC, père 3   3

Le sr LE MOINE DE FLÉAC, fils, à taxer à 3 l. . »   3

Probablement Pierre-Marc Le Moyne de Fléac qui comparait au ban de Saintonge, en 1758.

Le sr DAIGUIÈRES, père 10   10
Domestique 1   1

Louis-François d'Aiguières, chevalier, sgr de Rases et de Beauregard en partie, né le 13 février 1689, marié, vers 1711, avec Anne-Madeleine (*alias* Eustelle) de Courbon, mort en 1768, à Saintes. Il se fait excuser *pour son grand âge*, au ban de 1758. René-François, son fils aîné, lieutenant des maréchaux de France à Saintes, présida l'assemblée de la noblesse de la sénéchaussée en 1789.

La Ve YONGUE 6   6

Sans doute Anne-Charlotte Huon, veuve du marquis d'Yonques, laquelle comparait encore en 1789?

Le sr DE FAYE 20   20
Domestique 1   1

Devait être un Le Breton. Peut-être Joseph Le Breton, sgr de Faye, Panloy, La Tour et Coutiers, veuf dès 1748 de Sara de la Blachière, et père de Marie-Barbe Le Breton, mariée à Pierre-

François-Ignace de Labat, baron de Savignac, conseiller au Parlement de Bordeaux.

Le s^r DE VERVANS	6	6
Domestique.	1	1

Jacques-Alphée de Goulard, marquis de Vervans, chevalier, sgr de Saint-Hilaire de Villefranche, du Roulet, de la Hoguette, baron de Rochereau, né en 1681, mort en 1760, commanda le ban d'Angoumois en 1704, et se fit excuser à celui de 1758, pour son grand âge. — Il avait épousé Marie-Rose Boisson, fille d'Antoine Boisson, écuyer, sgr de Rochereau, et de Marie de la Rochefoucauld, et en eut, entre autres enfants, Jacques-Charles, marquis de Goulard, mestre de camp de cavalerie, qui commanda le ban de la noblesse de Saintonge, convoqué à Saintes en 1758.

La dame DE CHAMPDOLANT	20	20
Domestique.	1	1

Peut-être Sophie de Pons, dame de Champdolent, veuve depuis 1713, de Jean-Louis de Courbon, sgr de Romegou, marquis de Blénac, capitaine des vaisseaux du roi, et commandant des gardes de la marine, dont elle avait eu trois fils. Elle était fille d'Isaac-Renaud de Pons, marquis de la Caze, baron de Thors, et de Constance Foucault du Dognon.

Le s^r DE BREMOND D'ORLAC.	10	10
Domestique	1	1

Jacques-René de Bremond, chevalier, sgr d'Orlac, de Dompierre s^r Charente, de Saint-Fort s^r Né, du Fresne, du Fouilloux en Arvert, de la Brunette, de Chassagne, d'Anville, etc., ancien page du comte de Toulouse, né au château d'Orlac,

1678, mort à Saintes, 1757, avait épousé Marguerite-Mélanie du Bourg, fille de Pierre du Bourg, écuyer, sgr de Porcheresse, maire et capitaine de la ville de Saintes, et de Mélanie de Meaux, dame de Chassagne. Il était fils de Jean-Louis de Bremond, IIIe du nom, chevalier, sgr d'Orlac, Dompierre s^r Charente, etc., et de Marie-Antoinette de Verdelin, et laissa lui-même plusieurs enfants, entre autres, Pierre de Bremond, chevalier, comte de Dompierre, sgr d'Orlac, de Dompierre s^r Charente, de Saint-Fort s^r Né, du Fresne, du Gua, du Brandet, etc., commissaire de la noblesse de Saintonge, lors de la convocation du ban de 1758.

Le s^r DE LA ROCHE.	8	8
Domestique.	1	1

Pierre-Dominique Vigoureux, écuyer, sgr de La Roche et de Breurias (*sic*, pour Brézillas?), né en 1700, inhumé en l'église Saint-Michel de Saintes, le 7 avril 1754. Il avait épousé Hélène d'Angibaud, dont il eut, entre autres enfants, Joseph-Dominique Vigoureux, écuyer, sgr de La Roche-d'Aumont, marié avec Marie-Françoise du Breuil de Guitaud, lequel vote à Saintes, en 1789, pour les Etats-Généraux. Cette famille vient de s'éteindre dans les mâles, en la personne d'Amédée de la Roche-Vigoureux, décédé, au Mexique, le 25 juillet 1864.

Le s^r DE LAMOTHE-LUCHET	3	3

Est-ce François de Luchet ou Michel de Luchet de Rochecoral qui comparaissent l'un et l'autre au ban de 1758? Est-ce François Louis de Luchet, chevalier, marié à Marie-Anne Réveillaud?

Les D^{lles} DE RAYMOND.	4	4
Le s^r DE MONTERAUD	3	3

Devait être de la famille Pichon.

Les D^{lles} DUPÉROU	5	5
Domestique.	1	1
Le s^r AMELOTTE DE LA VIGUERIE	3	3

(Total de la 1re page). . 115 l.

Le s^r PICHON DE LA GORD	3	3

Probablement fils de Jacques Pichon, président d'honneur au siége présidial de Saintes, ancien lieutenant-général et président audit siége, anobli par lettres données à Versailles, au mois de septembre 1700 (signées *Louis* et plus bas Phélypeaux), comme ayant rempli ces charges pendant vingt années, et comme étant fils de Jean Pichon, avocat au Parlement de Bordeaux, ancien pair et échevin, et onze fois maire par élection, de la ville de Saintes. Les armes réglées par ces lettres-patentes sont : *d'azur, au chevron accompagné de deux étoiles en chef et d'un croissant en pointe, le tout d'or, le croissant surmonté d'un mouton passant d'argent.* — Cette famille paraît encore représentée en Amérique.

Le s^r DE LAGONTRIE, fils.	20	20
Domestiques.	2	2

Est-ce Jean-François Mossion de La Gontrie, qui assiste au ban de 1758 ?

La D^e V^e du s^r DE CLAINVILLE.	25	25
Domestiques.	2	2
Le s^r PICHON, l'aîné.	10	10
Domestique.	1	1
Le s^r DE BEAUCORPS.	1	1

Probablement Jean-Jacques de Beaucorps, excusé au ban de 1758, *comme étant à pied.*

Le s' D'ESCOYEUX. 10   10
Domestique.   1   1

Le s' DE COURBON DE BLÉNAC 20   20
Domestiques.   2   2

 Arnould-Pierre de Courbon, comte de Blénac, né le 5 juin 1726, fils de Gabriel-Madelène de Courbon, marquis de Blénac, baron de L'Isleau, sgr de Romegou, etc., grand sénéchal de Saintonge, et d'Anne Garnier de Salins. Il comparut au ban de 1758.

Le s' DUBREUIL DE THÉON. 15   15
Domestiques.   2   2

 Jean du Breuil de Théon, ancien capitaine de grenadiers, *excusé par ses blessures et infirmités*, au ban de 1758.

Le s' D'ECOYEUX DE CHENEL. (*Nota.* — Sçavoir s'il n'est par sur le rolle de Saint-Jean). 20 20
Domestiques.   2   2

 Henri Chesnel d'Ecoyeux, ancien mestre de camp de cavalerie; qui est excusé *par son grand âge*, au ban de 1758. — Il devait être fils de Louis Chesnel, seigneur d'Ecoyeux, et de Marie-Isabelle Joanny de Bellebrune. Armes des Chesnel (*ut suprà*). — C'est vers 1760 que la terre d'Ecoyeux passa des Chesnel aux Frétard de Gadeville, qui la vendirent à M. Normand, de Saint-Jean-d'Angély, en 1809.

Le s' D'AIGUIÈRE, fils aîné. 6   6
Domestique.   1   1

 René-François d'Aiguières, chevalier, sgr de Beauregard, major du régiment de Monconseil-infanterie, lieutenant des maréchaux de France à Saintes, mort sans postérité, avait été élu major au ban de 1758, et présida l'ordre de la noblesse de la sénéchaussée de Saintonge, en 1789.

ARTENAC.

Les enfans de M. DE LAMIRANDE DE RIVERON (sont modérés à 6 l., par ordre du 24 juin 1750).	15	6
Domestique.	1	1

Seraient-ce les enfants d'Henri du Sault de La Mirande, capitaine des vaisseaux du roi, gouverneur de Cayenne, chevalier de Saint-Louis, mort avant 1741, marié avec Marie-Anne de Bérault? ou de son frère, N. du Sault, seigneur de Riveron?

ACHIAC.

Le s^r FRADIN.	»	3

Probablement Jean Fradin qui comparait au ban de 1758.

AVIS.

Le s^r DE LACOUR-PERNANT.	20	20
Domestiques.	2	2

Peut-être le même que André Lacour de Monberland, excusé *par son grand âge et ses infirmités*, au ban de 1758.

La Ve du s^r YONGUE DE LA FERRIÈRE.	25	25
Domestiques.	2	2

On trouve que, vers cette époque (le 3 août 1740), Marie-Gabrielle de Rasilly épouse Charles-Antoine Yonques, chevalier, sgr de Sevret, Beaussais, Fléac, etc., demeurant au château de Fléac, alors veuf de Marie Agard, et fils de Charles

Yonques, chevalier, sgr de Sevret et de Beaussais, et de dame Charlotte Duplanty-Dulandreau, décédés.

AUMONT ET RAVIGNAC.

Le s^r François DE MALBEC. 3   3

Il comparait au ban de 1758.

BARBEZIEUX.

La Ve du s^r GÉDÉON DE TOYON. 10   10
Domestique. 1   1

Elle était sans doute mère de Pierre de Toyon, qui comparait au ban de 1758, sous ce nom : *Pierre Toyon, de Barbezieux.*

Total des deux premières pages. . . 308 l.

Le s^r DROUHET. 10   10
Domestique. 1   1

Peut-être Jacques-François Drouhet, qui assiste au ban de 1758.

BARRET.

Le s^r SAULNIER DU COURRAUD. 5   5
Domestique. 1   1

Le s^r GLENEST DES JARDS. 10   10
Domestique. 1   1

Pierre de Glenest de Barret comparait au ban de 1758.

BAZAC. (On lit *Bazas.*)

Le s^r DE BAZAC. 10   10
Domestique. 1   1

Sans doute Henri Jaubert de Basas, qui comparaît au ban de 1758.

BERNEUIL EN BARBEZIEUX.

Les enfans du s^r DE BEAUPOIL DE SAINT-AULAIRE DE PARSAY.	6	6
Domestique.	1	1
Le s^r DE L'AIGLE-LA GRANGE.	6	3
Domestique*.	1	1

Armes : *de gueules, à une aigle éployée d'argent.*

La Ve du s^r GRAND DE BELLUSSIÈRE.	3	3

Armes : *d'azur, à trois serpents volants d'argent, posés l'un sur l'autre.*

BERNEUIL EN PONS.

Le s^r DE MONCOURIER.	1	1

Probablement François de Moncourier, qui comparaît au ban de 1758. Il était qualifié écuyer, sgr de Laugerie, et avait épousé Marguerite de Laval dont un fils : Bernard de Moncourier, écuyer, marié, 1768, à Marie-Gabrielle Guinot de la Châtaigneraye.

La Ve du s^r COURBON DE SAINT-LÉGER.	3	3

Ce doit être N. du Clerc, mariée en 1719, à Charles-Marc-Antoine de Courbon, chevalier, sgr de Saint-Léger, né en 1695, enseigne des vaisseaux du Roi. Il était fils de N. de Courbon de Saint-Léger, sgr de Berneuil, capitaine des vaisseaux du Roi, et de demoiselle Guinot de Monconseil.

---

* Tous les articles marqués d'un astérisque, sont biffés dans le rôle original.

Les D^lles DE LISLE-BEAULIEU. 3   3

>Elles devaient être filles de feu Jacques de Lisle, chevalier, sgr de Bonlieu, et de Marie Nogaret. L'une d'elles, *Marie-Anne* de Lisle, demeurant alors au logis de Fribaud (par. de Berneuil), épouse, en 1745, le 21 octobre, Jean de Beaumont, fils de d'autre Jean de Beaumont, chevalier, sgr d'Urée, et de Jeanne de Belleville de Chanteloup.

(Total des trois 1res pages du rôle). . . 371 l. »

BIRON.

Le s^r GUINOT DE CHATELAR. 3   3

> Serait-ce François-Alexandre Guinot, vivant en 1714, et qualifié écuyer, s^r de *Chastelards*, dans la donation que lui fait, 1694, damoiselle Suzanne Horry, veuve de Joachim Guesdon, capitaine? Il était fils de Jean Guinot, chevalier, baron de Rioux, sgr des Brandes, etc., et de Marie Guinot.

BOIS.

Le s^r DE LA ROUMADE 1   1

> Probablement Jean le Forestier de la Romade qui assiste au ban de 1758.

Le s^r DE BEAULIEU-SOUMARS. 3   3

BRIE PRÈS ACHIAC.

Le s^r DE BEAUPOIL DE SAINT-AULLAIRE, père. 15   15
Domestique. 1   1

Le chevalier DE SAINT-AULLAIRE, fils. . . 6   6
Domestique 1   1

Il doit être ici question 1° d'Antoine de Beaupoil de Saint-Aulaire, seigneur de Brie, marié à Honorée-Bénigne de Morineau; 2° de Charles de Beaupoil de Saint-Aulaire, sgr de Brie, marié, 1768, à Bénigne-Elisabeth de Campet. Ce dernier paraît avoir assisté au ban de 1758.

BRIE SOUS BARBEZIEUX.

Le s^r DE LA TOUSCHE DE BRIE	10	10
Domestique.	1	1

Michel de La Tousche de Brie-sous-Barbezieux, assiste sous cette désignation, au ban de 1758. Armes : *d'or, au lion contourné de sable, armé, lampassé et couronné de gueules* (*M. d'Ag.*) Famille représentée, de nos jours, à Poitiers.

BROSSAC.

Le s^r DELAAGE DE LA GRANGE	3	1
Le s^r RESTIER DE LAVAURRE	3	3

Jacques Restier de Lavaurre assiste au ban de 1758.

CELLES.

Le s^r DE SALBERT	3	3

Peut-être Charles-Gaspard de Salbert, qui assiste au ban de 1758.

Le s^r SAULNIER DE PALLIÈRE.	3	3
(Total des 4 premières pages du rôle) . .	424 l.	

CHADENAC.

La Ve du s^r DE BILLY (décédée le 10 décembre

1748 et déchargée par ordonnance du 5 mai)*. 6
Domestique * 1

Le sʳ DE GREFFIN (il a hérité en partie de la susdite dame de Billy ; mettre à 10 l.). 6 10
Domestique. 1 1

> Il devait être fils de François de Greffin, gentilhomme de Picardie, capitaine de frégate, marié, 1697, à Françoise-Claire de Beaumont, fille de *Pierre*, sgr de Morlut, etc., et de Françoise Richard. Les Greffin se prétendaient originaires d'Angleterre et issus d'un lord Greffin.

CHALLIGNAC.

Les sʳˢ et dˡˡᵉˢ DE CURTON 5 5

La dame DE CHALLIGNAC DE CHIÈVRE . . 3 3

> S'agit-il d'Antoinette-Louise de Chièvres, mariée à Jean de Chièvres, sgr de Curton, en 1681 ; ou de sa belle-fille, Jeanne de Labatut, mariée, 1731, à Jacob de Chièvres, sgr de Curton et de la Montagne ?

CHAMPAGNE.

Les dˡˡᵉˢ filles mineures du sʳ FRANQUEFORT
DES AJOTS 10 10
Domestique. 1 1

Le sʳ DUBREUIL DE THÉON. 6 6
Domestique 1 1

CHAMPAGNOLLES.

Le sʳ HORRIC DE LAUGERIE. 6 6
Domestique. 1 1

CHANIERS.

Le sʳ DE SAINT-SEURIN DE MÉRÉ	10	10
Domestique	1	1

Est-ce Gabriel Bretinauld, sʳ de Méré et de Ponsoreau, marié, 1721, à Marie-Marthe Mauchin; ou son frère, Pierre-Honoré Bretinauld, sgr de Chauvert, La Tuilerie, La Brousse, qualifié aussi chevalier, sgr de *Méré*, et marié avec Anne-Charlotte Grégoireau, fille de maître Laurent Grégoireau, conseiller en la cour des Aydes de Bordeaux, et de Françoise Pichon? Ils étaient fils de Henri Bretinauld, chevalier, seigneur-baron de Saint-Seurin, sʳ de Plassay, de Chenac, etc., et d'Angélique de Verteuil, sa seconde femme, fille de Pierre de Verteuil, sgr des Granges, et de Henriette de Lisle.

CHASTIGNAC.

Le sʳ DUBOIS DU HAUT-BOIS	1	1
(Total, 5ᵉ page).	483 l.	

CHATENET ET LE PIN.

Le sʳ DE RIVALLET	6	6
Domestique	1	1
Le sʳ DE LA TOUR	1	1
Le sʳ GUÉRIN DE BIZAC et sa sœur à taxer à 6 l.	»	6
Domestique	»	1

Jean-Baptiste de Guérin, écuyer, sgr de Bizac, mort en 1779, s'était marié avec Marie de Ravalet en 1754. Il assiste au ban de 1758. Sa sœur était Marguerite de Guérin, morte fille à Saintes en 1786. Ils étaient enfants de Pierre de Guérin, chevalier, sgr de Bizac et de l'Estang, lieutenant-général d'épée de la sénéchaussée de Saintonge, mort en 1737, et de Louise-Françoise de Mirande.

CHEPNIERS.

Le s^r Jean DE BEYNAC	3	3

Il comparait au ban de 1758.

Le s^r François FERRET DE LAGRANGE . . .	1	1

CHÉRAC.

Le s^r DUCOURAUD DE MONTALAMBERT . .	3	3
La D^e V^e DE LA MIRANDE	3	3
Domestique.	1	1

CHILLAC.

Le s^r DEXMIER DE LA VAURE.	12	12
Domestique	1	1

CIERZAC.

La Ve du s^r Théophile DE LA COUR DE FON-TIMBERT	10	10
Domestique.	1	1

CLAN.

Le s^r DE LA CHAPELLE D'ASNIÈRES . . .	15	15
Domestique	1	1

Sans doute Henri-Paul d'Asnières, marié, 1743, à Marie-Anne d'Asnières, sa cousine germaine; il vote, en 1789, à Saintes.

(Total, 6e page) . . .	542 l.	

CLÉRAC.

La D^e V^e du s^r DE CAILLIÈRE.	6	6
Domestique.	1	1
La Ve du s^r DE LA FAYE, secrétaire du roi. .	6	6
Domestique.	1	1
Le s^r DU BAN DE COULON.	2	2

CONDÉOM.

Le s¹ VILLARS DE PINDRAY.	15	15
Domestique.	1	1

    Serait-ce Élie-François de Pindray, *excusé étant asthmatique*, au ban de 1758?

La V⁰ du s¹ BERTHELOT DU COURET. . . .	1	1
Le s¹ HOULIER DE PLASSAC.	3	3

CORME-ROYAL.

Le s¹ DE SAINT-SEURIN D'ARGENTEUIL. . .	12	12
Domestique.	1	1

    Joseph Bretinauld, s¹ d'Argenteuil et de Forest, fils de Henri Brétinauld, baron de Saint-Seurin, et d'Angélique de Verteuil, sa seconde femme, épousa Thérèse Béraud dont il eut : Jeanne-Henriette-Céleste Bretinauld, dame de Forest et d'Argenteuil, mariée, 1756, à Pierre-André Achard-Joumard, vicomte de La Brangelie, sgr de Balanzac. — Joseph Bretinauld comparaît au ban de 1758.

Le s¹ DE CERY.	1	1

    Peut-être Philippe de Céris qui comparaît au ban de 1758. Céris : *d'azur, à la croix alaisée d'argent*. Ce Philippe devait être le même que le sgr de Chenay, marié à Elisabeth Guéfrin, dont une fille, Charlotte de Céris, mariée en 1759, à Pierre des Mothes. — *Philippe* demeurait alors à Beaulieu, paroisse de Corme-Royal.

COURPIGNAC.

Le s¹ Jean DE CALLIÈRE.	15	15
Domestique.	1	1

COZES.

Le s^r DE CHATEAUBARDON.	6	6
Domestique.	1	1

Sans doute Eutrope-Alexandre du Breuil de Châteaubardon, ancien capitaine au régiment de Normandie, chevalier de Saint-Louis, sgr de La Tousche, marié à Marie-Louise de Raymond, avec laquelle il vivait en 1755.

CRAVANS.

La D^e V^e DE BEAUMONT-CRAVANS et la d^{lle}. sa fille.	40	40
Domestiques.	4	4
(Total, à la 7e page). . . . . 659 l.	»
Le s^r DE GIBANEL, douze livres.	12	12
Domestiques.	2	2
La D^e V^e DE GRISSAC.	2	2
La Ve du s^r LECOMTE.	3	3

CURAC.

Le s^r DE LA FAURIE DE CURAC.	1	1

FAVAUD.

Les enfans et héritiers du s^r DE LA BAUSSE. .	3	3

FLÉAC.

Le s^r GUILLOCHER DES FORGES.	1	1

FLOIRAC.

Le s^r DES MOTTES.	1	1

Est-ce Jean des Mothes, écuyer, sgr de La Croix et de Mageloup, marié à Marie-Renée de

Carion, ou leur fils : Pierre des Mothes, écuyer, lequel demeurait à Floirac, lors de son mariage (1759) avec Charlotte de Céris, fille de Philippe de Céris, écuyer, sgr de Chenay, et de dame Elisabeth Guefrin ?

FONTAINE.

La d^{lle} DE CONTENEUIL............	3	3

Sans doute l'une des filles de Jean-Baptiste-Laurent de Marbotin, baron de Conteneuil, lieutenant des maréchaux de France, chevalier de Saint-Louis, 1er jurat-gentilhomme de Bordeaux, et de Marie-Anne de Spens d'Estignols de Lancre.

GEAY.

Le s^r DELATOUR. (*a*)............	1	1
La d^{lle} DELATOUR............	1	1
La Ve du s^r ISLE DE CIVRAC et ses enfans. (*b*.)............	8	8
Domestique............	1	1
La D^e DE THIZON............	6	6
Domestique............	1	1

(*a*) Probablement Jean de La Tour de Geay, qui assiste au ban de 1758.

(*b*) Marguerite Lallemand, veuve de Isaac d'Hyle de Bureau de Civrac, chevalier de Saint-Louis, capitaine général des gardes-côtes, dont, entre autres enfants : Jacques Bureau de Civrac, lieutenant des vaisseaux du roi au port de Rochefort, chevalier de Saint-Louis, marié, à La Clisse, le 2 décembre 1758, à Gabrielle-Henriette-Judith Lemouzin, fille de feu Henri Lemouzin, enseigne des vaisseaux du roi au port de Rochefort, et d'Angélique de Froger. Il devait être frère de Léon Bureau, chevalier de Civrac du Péré, qui assiste à son mariage.

(Total, à la 8e page)... 705 l. »

GEMOZAC.

Le s^r DE LAPORTE	10	10
Domestique, ...	1	1

Sans doute Armand de La Porte, père, *excusé par son grand âge*, au ban de 1758.

Le s^r DE LAGARDE AUX VALLETS.	10	20
Domestique.	1	2

De la famille Ancelin, qui ajouta à son nom, celui de La Garde (aux Valets).

GERMIGNAC.

Le s^r RIP DE BEAULIEU.	15	15
Domestique.	1	1

Est-ce Léonard de Rippe de Beaulieu, qui comparait au ban de 1758 ?

HUSSEAU.

Le s^r Chevalier DE GIBAUD peut être taxé à 3 l. . . . . :	»	3

Ce doit être Pierre de Beaumont, sgr d'Ussaud et de Marignac, plus tard comte de Gibaud, second fils de Henri de Beaumont, sgr de Gibaud, d'Ussaud, du Vernou et d'Allas-Champagne, capitaine de dragons au régiment Dauphin, et de Marie-Angélique Guinot de Moragne. *Pierre* assista au ban de 1758 et décéda à Pons, en 1769. Il fut père de Léon de Beaumont, comte de Gibaud, sgr de Marignac, etc., mousquetaire de la garde du Roi, marié 2 fois : 1° à Magdelène de Saint-Mathieu-des-Touches, 2° à Jeanne de La Faurie de Montbadon (1780).

GUISENGEARD.

Le s^r DES ROCHES	3	3

JAZENNES.

Le s^r GUINOT DU FIEF. 10   10

Charles-Elie Guinot du Fief, chevalier, sgr de Lujon, d'Angliers, convoqué au ban de 1758, fils de Louis Guinot, chevalier, sgr de Dercie et du Fief, et de Françoise-Charlotte de Saint-Mathieu des Touches. Il épousa Marie-Guillemette de Briçonnet, fille de *Michel*, sgr de Grollu, et de Marie-Thérèse Boutou.

Les d^{lles} MOSSION, sœurs 6   6

JONZAC.

Le s^r DE BEAUPOIL DE LA DIXMERIE . . . 3   3

Ne saurait être *Antoine*, sgr de Brie, que nous voyons figurer à cette capitation, sous la rubrique de la paroisse de *Brie*, car il aurait payé la capitation dans chacune de ses résidences, ce qui n'est pas admissible.

Le s^r DE TURIN 3   3

LA CHAPELLE-MAGENAUD.

Le s^r DE SAINT-MARTIN DE LA VIVETRIE. . 1   1

LA GARDE.

Le s^r DUBOIS DE LA GRAVELLE 1   1

(Total, à la 9e page) . . . 770 l.

LE CHAY.

La veuve du s^r DUS. DUPORTAIL-BAZAUGE . 3   3
Domestiques 1   1

Il faut lire ici *Bouet du Portal*.

LORIGNAC.

Les enfants mineurs du s^r DELAGE DU TIRAC . . 40   40
Domestiques   4   4

Paul-François de Lage, chevalier, sgr du Tirac, mort vers 1744, se serait marié 2 fois : 1° à Madeleine de Saint-George, morte en 1729 ; 2° à Marie-Louise de la Rochefoucauld du Parc-d'Archiac de laquelle il laissa plusieurs enfants dont il est ici question, entre autres : François-Paul de Lage, chevalier, m^{is} de Lâge de Volude, sgr du Tirac, Asnières, les Touches, etc., né en 1734, marié, 1759, à Marie-Jeanne-Claudine de Kergariou ; il comparut au ban de 1758 et mourut, au Tirac, en 1793.

MARIGNAC.

La veuve du s^r MAVALLÉE 10   10
Domestique   1   1

Elle devait être mère de Pierre de Masvaleyx de la Verdalle, qui assiste au ban de 1758.

MÉCHETS *.

Le s^r DUBREUIL DE JAVREZAC à taxer à 6 l. *
Domestique 1

Le s^r DUBREUIL DE GUITAUD. à taxer à 6*
Domestique 1

MÉDIS ET LES VILLAGES DES MARIES.

Le s^r FROGER DE LA RIGAUDIÈRE 6   6
Domestique.   1   1

Michel-Joseph de Froger, chevalier, sgr de l'Eguille et de la Rigaudière, commandant de la marine à Rochefort, lieutenant-général des armées navales, commandeur de l'ordre de Saint-Louis, mort à Angoulême (1772), avait épousé Marie-

Thérèse de Gaudion. Il était fils d'André de Froger, écuyer, lieutenant-colonel d'un régiment d'infanterie, et de Judith Brisson; et fut père de Louis de Froger de L'Eguille, né en 1750, capitaine des vaisseaux du roi, fusillé à Quiberon, laissant postérité de mademoiselle de Chavagnac, veuve lorsqu'il l'épousa, du brave marin la Clocheterie.

MEURSAC ET LES ÉPAUX.

Le s^r DUVIGNAUD	15	15
Domestique	1	1
Le s^r DUPÉROU	15	15
Domestique	1	1

Probablement Joseph Bérauld du Pérou qui comparaît au ban de 1758.

Le s^r BERRAULT DE POMMIERS	6	6
Domestique.	1	1
La dame de RAZAC.	1	1

Sans doute de la famille Gombaud de Razac qui est représentée, de nos jours, notamment dans l'armée, et qui porte : *d'azur, au chevron d'or chargé de deux lions affrontés de gueules, accompagné en chef de deux étoiles d'or, et en pointe, d'une merlette d'argent.*

MONTPELLIER.

Le s^r DU BREUIL DE LIVENNE.	25	25
Domestiques	2	2

Jean de Livène, chevalier, sgr des Rivières, du Breuil et de Lauron (paroisse de Montpellier), né en 1681, marié, 1714, avec Angélique de Beaumont, fille de Henri, sgr d'Auge et du Grand-Lauron, et de Marie Emard. Il fut père de Charles de Livène, sgr des Rivières, des Brousses-aux-Sicôts, de Monchaude, baron de Balan, marquis de la Rochechalais, marié, 1750, au château de Lauron, avec sa parente, Marie-Paule-Pélagie de Livène-Balan. Ce Charles comparut au ban de 1758; nous ne savons au juste si c'est lui ou son père (Jean) dont il est ici question, mais il s'agit plus probablement de Jean, qui est *excusé par son grand âge* au ban de 1758.

NEVIC.

Le sr DE BOISMAURY	2	2
Le sr LE ROY DE MONVILLE	3	3

On trouve Pierre Le Roy de Monville, au ban de 1758.

NIEUIL-LEZ-SAINTES.

Le sr DE NIEUIL	10	10
Domestique.	1	1

Est-ce Gabriel-Isaïe Lemousin, sgr de la baronnie de Nieuil, de Varzay, Brassaud, St-Christophe et les Romades, marié avec Eustelle Gentil de Brassaud, et vivant, ainsi que sa femme, en 1755? On trouve aussi François Lemousin de Mirande, ancien brigadier des gardes du roi, *maréchal-des-logis* au ban de 1758. — La chatellenie de Nieuil-lès-Saintes était tenue à hommage du roi « à cause de son chastel de Saintes, au devoir d'un florin d'or de Florence, à muance de seigneur, et en outre, à la charge d'aller aider à garder à ses *coustz et dépens*, la porte Aiguières de Xainctes, quarante jours et quarante nuits, ensemble ses..... qui *ad ce sont tenus toutte fois* que *adviendroit trouble à lad. porte pour faict de guerre; luy* premièrement requis *suffizamment* par les gens du roy. »

Le chevalier DE NIEUIL.	1	1
La dlle DE NIEUIL, sa sœur.	1	1

Peut-être Louis Lemouzin, qualifié chevalier de la Poterie en 1758, et dlle Gabrielle Lemouzin de Nieuil?

NIEUIL-LE-VIROUIL.

Lé s^r DE NIEUIL, sénéchal de Saintonge. . . 45 45
Domestiques 3 3

Jean-Baptiste Poute, chevalier, sgr de Dompierre, Saint-Sernin, marquis de Nieuil, grand sénéchal de Saintonge, marié, 1729, avec Anne-Louise de La Rochefoucauld-Surgères, achète la charge de grand sénéchal, en 1730, pour la somme de 12,000 l., de Gabriel-Madeleine de Courbon, comte de Blénac. Il fut le père de Arnoul-Claude Poute, marquis de Nieuil-le-Viroul, sgr de Saint-Sernyn, etc., grand sénéchal de Saintonge, qui présida, en cette qualité, l'assemblée des trois ordres de la sénéchaussée de Saintes, en 1789.

ORLAC.

Le s^r DE BREMOND, seigneur d'Orlac. . . . 20 20
Domestique. 1 1

Louis de Bremond, frère aîné de *Jacques-René*, et mort célibataire, à Saintes, 24 août 1762, à l'âge de 92 ans; né au château du Sollanson près Cognac, en 1670, fils aîné de *Jean-Louis*, chevalier, sgr d'Orlac, Dompierre s^r Charente et d'Angeliers, ancien page de la chambre du roi, et de Marie-Antoinette de Verdelin; il se qualifiait *seul* sgr d'Orlac pour affirmer son droit en face des prétentions qui furent élevées contre lui par certains membres de la famille.

PARCOUL.

La D^e marquise DE MAYAC. 12 12
Domestiques 2 2

Serait-ce Marie d'Aydie de Ribérac, mariée à François d'Abzac, IIIe du nom, sgr de Mayac, de Montplaisir et de Pommiers, dit le marquis de Migré, mousquetaire du Roi? — On trouve Joseph-Alexis d'Abzac de Mayac, au ban de 1758.

Le s^r DE QUINSAC.	6	6
Domestique.	1	1

PESSINES.

Le s^r DE LA BRIANDIÈRE.	20	20
Domestiques	2	2

Probablement Philippe-Louis Bernardeau de la Briandière, sgr du Chantreau (en Pessines), né en 1731, marié à Suzanne-Charlotte de Bullion de Montlouët (1755), dont, entre autres enfants : Marie-Anne Bernardeau de la Briandière, mariée au lieutenant-général baron Müller, et morte à Saintes, en 1840, la dernière de son nom.

(Total, à la 11e page). . . 1033 l. »

PÉRIGNAC.

Le s^r GUENON DE CHANTELOUP.	»	3

Sans doute Pierre Guenon de Chanteloup, qui comparaît au ban de 1758 et qui était mort avant le 1er août 1768, que sa fille, Henriette-Rosalie, épouse Charles d'Aiguières, chevalier, ancien officier de marine. Pierre Guenon avait épousé Suzanne Perreau.

VILLE DE PONS.

Le s^r GUENON DE LA CHAPELLE * . . .	25	25
Domestiques *	2	2
La ve du s^r DULUC	15	15
Domestique	1	1

Anne-Marthe de Gondé, mariée, 1722, à Jacques, c^te de Luc. Elle était fille de François de Gondé, chevalier de Saint-Louis, lieutenant-colonel du régiment des Landes, et d'Anne du Sault, et fut mère d'Anne-Marc-Jacques, comte de Luc, présent au ban de 1758. Les Gondé étaient issus de Jacques de Gondé (ou Gondet), éc., maitre des eaux et forêts de Calais, en 1590, trisaïeul de la comtesse de Luc.

Le sʳ MOSSION DE LA GONTRIE, père	20	20
Domestiques	3	2

François Mossion de la Gontrie, éc., sgr du Pin-en-Villars, sénéchal de la sirerie de Pons, et ci-devant président à l'Election de Saintes, lequel avait épousé Marie-Anne Bibard de la Tousche, et mourut âgé de 82 ans, le 5 mars 1757. Son corps fut conduit, le lendemain, en l'église des RR. PP. Cordeliers de la ville de Pons.

Les Dˡˡᵉˢ DE BEAUCHÊNE	3	3
Domestique	1	1

Probablement Anne-Madeleine Isle, née en 1707, admise à Saint-Cyr, 1720, morte célibataire, 1779; et sa sœur, Marie-Anne-Angélique Isle, née en 1713, à Saint-Cyr en 1724, morte fille, 1765. Elles étaient filles de Abraham Isle, sgr du Breuil et de Beauchêne, et de Marguerite de La Chapelle.

Le sʳ DAIGUIÈRES, fils	6	6
Domestique	1	1

Peut-être Louis-Jacques d'Aiguières, chevalier, sgr de Seugnac, marié à Marie-Anne Mossion de la Gontrie, mort à 48 ans, le 2 février 1761, et qui est sans doute le même que *Louis* d'Aiguières, présent au ban de 1758.

Le sʳ RENAUD DES AUGETZ	6	6
Domestique	1	1

Gabriel Renaud des Augers, écuyer, enseigne des gardes à cheval de feu le duc de Berri, puis capitaine au régiment d'Orléans-cavalerie, décédé le 7 mai 1767, à Pons, à l'âge de 90 ans et veuf de Anne-Louise Babin.

— 94 —

Les enfants du feu sʳ de La MARTONIE.	10	10
Domestique.	1	1

Léon-Raymond de La Marthonie, sgr de Gaignon et de Roussillon, s'était marié 2 fois : 1° 1688, à Françoise de Marias ; 2° 1714, à Suzanne de Galateau. Il s'agit probablement ici des enfants du second lit, qui furent entre autres : François-Léon-Marguerite de La Marthonie, marié à Marie-Anne Guislain ; *Joseph-Léon*, marié à Louise-Marthe de Sartre ; *Etienne-Léon*, marié à demoiselle de Chabrignac, etc.

PONT-L'ABBÉ.

Les sʳˢ et dˡˡᵉˢ HUON DU ROSNE (ont hérité de Mᵉ de Jovelle)	30	30
Domestique.	1	1
Le sʳ DUMOUTIER	1	1

POULIGNAC-SOUS-CHALLAIS.

La dˡˡᵉ DE PUYFERRAT	1	1

Sans doute de la famille de La Porte de Puyferrat, longtemps possessionnée en Saintonge, en la paroisse de Médis, et qui est encore représentée, notamment par les enfants de Pierre-Jean-Nicolas, comte de La Porte de Puyferrat, et de Marie-Catherine-Louise de Calvimont. Cette famille porte, suivant la *Maintenue* d'Aguesseau : *d'azur, à une tour d'argent maçonnée de sable, surmontée de deux autres tours aussi d'argent.* On trouve aussi : *d'azur, à deux tours d'argent, maçonnées de sable et jointes par un entre-mur de même, avec porte au milieu ;* et : *de gueules, à deux tours girouettées et un portail entre les deux tours d'argent, et deux lions lampassés et armés d'or.*

POULIGNAC-SOUS-MONTENDRE.

Le sʳ D'AMBÉRAC.	20	20

Domestique. 1   1

Étienne-Jean de La Faye d'Ambérac, chevalier, sgr de Polignac, marié à Marguerite du Vergier; il fut père d'*Étienne*, capitaine de vaisseau, dit le marquis de la Faye d'Ambérac, qui vote, à Saintes, en 1789.

(Total, 12ᵉ page) . . . . . 1482 l.

PRÉGUILLAC.

Le sʳ de GUIBAL. 10   10
Domestique. 1   1

Le sʳ HORRIC D'ANDORINE DE LA ROCHE (a hérité de son père qui était taxé à 20 l., peut être porté à 20 l.). 10   15
Domestique (domestiques 2 l.) 1   2

Serait-ce François Horric de La Rochetolay qui est présent au ban de 1758? — Il faut lire Horric d'*Andonne*.

RESTAUD.

Le sʳ DE SAINT-CHRISTOPHE. 10   10
Domestique. 1   1

RIGNAC.

Le sʳ chevalier DE LA TAILLANDIE. 1   1

La veuve du sʳ DE LA MOTTE-CRITEUIL. . . 6   6
Domestique. 1   1

La veuve du sʳ FRADIN DU PÉRAT. 3   3

Le sʳ MASSACRÉ DE LA RICHARDIE. . . . 12   12
Domestique. 1   1

Massacré : *d'argent, à 3 écurieux de gueules, tenant une pomme entre leurs pattes, et posés 2 et 1*, (M. A.) On trouve aussi : *d'argent, à 3 écureuils de sable*.

Le sʳ DE LA MOTTE-CRITEUIL. 3   3

    Probablement Jean de La Mothe-Criteuil, excusé au ban de 1758, *s'étant cassé la jambe à Saintes.*

La dame DE BERNEUIL* (il y a longtemps qu'elle a quitté l'Election; a été déchargée des années antérieures). 2   »

RIOUX.

La d^lle DE LIVENNE DE RIOUX-CLAINVILLE (a été mariée à M. de La Tour, capitaine de cavalerie) *. 10
Domestique* 1

RIOUX-MARTIN.

Le sʳ DE LA FEUILLETRIE DE SAINT-MAR-SAULT. 3   3
Domestique. 1   1

    (Total, 13ᵉ page) . . . . 1259 l.

ROUFFIGNAC.

Le sʳ DE LESCOURS DE ROUFFIGNAC. . . 6   6
Domestique. 1   1

    Peut-être Louis-Marie de Lescours qui est présent au ban de 1758; ou *Louis-Arnaud*, présent au même ban?

Le chevalier DE LESCOURS.   6
Domestique.   1

La veuve du sʳ DE CORMINVILLE. 1   1

    Sans doute mère de Henri-Guillaume de Cormainville, présent au ban de 1758.

Le s‍ʳ DE MORZAC, dix livres.   10   10
Domestique.   1   1

   On trouve André de Toyon de Morzac présent au ban de 1758 ; il avait épousé Thérèse de Fradin.

La dame DE CALLIÈRE, veuve POURTAUT
(doit être ôtée du rolle, n'existant plus) *. . .   1
Le s‍ʳ DE BEAUCHAMPS.   1   1

   Est-ce René de Beauchamps, chevalier, sgr de Souvigné, enseigne des vaisseaux du roi, marié, 1714, à Marie Renaudet, fille de Joseph Renaudet, maire perpétuel de Saintes, lequel René est excusé *par son grand âge et ses infirmités*, au ban de 1758 ; ou son fils, Léon de Beauchamps, chevalier, sgr de Souvigné, capitaine au régiment d'Artois-infanterie, chevalier de Saint-Louis, né en 1725, et marié, 1766, à Marie-Agnès de Mariol, fille de feu Barthélemy de Mariol, capitaine des vaisseaux du roi, chevalier de Saint-Louis ? — Henri-Charles de Beauchamps-Grand-Fief, est présent au ban de 1758.

ROUMEGOUX.

Le s‍ʳ marquis DE BLÉNAC.   20   20
Domestiques.   2   2

   Gabriel-Madeleine de Courbon, marquis de Blénac, baron de L'Isleau, sgr de Romegoux, etc., grand sénéchal de Saintonge, né en 1698, marié, 1723, avec Anne Garnier de Salins, fille de feu Arnould-Jean-Baptiste, marquis de Salins, lieutenant des vaisseaux du roi, et de Catherine de Saint-Amant.

La d‍ᵐᵉ DE SAINT-PAUL.   2   2

   Des Lebert.

Le s*r* DE LA RIVAUX.	30	30
Domestiques.	2	2

Peut-être Jacques de La Barre de Veissière de Larivaux, sgr de Bellemont, lieutenant des vaisseaux du roi, chevalier de Saint-Louis, marié en 1res noces, à Marie-Anne du Barbier, dont : *Josèphe-Thérèse*, mariée, 1777, au baron de Ferragut.

La d^{lle} MARIN.	3	3

SAINT-ANDRÉ DE LIDON.

Le s*r* DE LA ROCHE-CORAIL.	18	18
Domestique.	1	1

Sans doute Michel de Luchet de Rochecoral, présent au ban de 1758 ?

Le s*r* THÉON DE VÉRAC.	6	6
Domestique.	1	1

Devait appartenir à la famille Achard-Joumard, car on trouve Charles-Auguste Achard, chevalier, sgr de Théon-Vérac, marié avec Anne-Louise de Réals, dont une fille, *Marguerite-Louise*, née en 1671.

Le s*r* DU BREUIL DE VÉRAC peut être taxé à 6 l. *
Domestique, 1 l. *

SAINT-AVIS.

Le s*r* DE POUILLAC, lieutenant des maréchaux de France.	20	20
Domestique.	1	1

Est-ce Daniel-Louis de Poncharal, marquis de Pouillac, marié à Marguerite d'Averhoult de Martimont, vivant encore en 1763, mais alors qualifié *ancien* lieutenant des maréchaux de France? — Est-ce Jean-Baptiste de Poncharal, marquis de Pouliac, aussi lieutenant des maréchaux de France en Saintonge, probablement fils du précédent, et marié, 1750, à Amboise, avec Marie-Louise-Paule Bourard de Martigny qui plaide contre lui, 1760, pour séparation de corps et de biens?

(Total, 14ᵉ page)		1386 l.
Le sʳ RENOU DE LAMAUX	5	5
Domestique.	1	1

SAINT-AULAIS.

Le sʳ DE MONTALEMBERT.	6	6
Domestique.	1	1
La veuve du sʳ DUVIGIER DE LA COUR.	6	6
Domestique.	1	1

SAINT-BONNET EN BARBEZIEUX.

La veuve du sʳ DELAAGE DE FONTENILLE.	1	1

SAINT-BONNET EN MIRAMBEAUX.

Le sʳ MICHEL DE SAINT-DIZANT.	3	3

Jacques-Barthélemy Michel de Saint-Dizant, baron de Saint-Dizant, du château d'Oleron et de Saint-Trojan, sgr de Panloy, etc., lieutenant-colonel d'infanterie, chevalier de Saint-Louis, né en 1732, mort, 1789, avait épousé, 1760, Marie Sary, dame de la baronnie de La Chaume et de Panloy, et vota, par procuration, à l'assemblée de la noblesse de la sénéchaussée de Saintes en 1789. Il était fils de Barthélemy Michel de Saint-Dizant, baron du château d'Oleron, chevalier de Saint-Louis, capitaine au régiment de Hainaut, et de Marguerite-Geneviève Guillem de Piton. — Le baron de Saint-Dizant ne laissa qu'une fille : *Marie-Anne*, mariée, 1785, à Henri, marquis de Grailly, à qui elle porta la terre de Panloy. — Il n'est probablement taxé ici que pour son fief de Beauroche.

SAINT-CIERS-CHAMPAGNE.

Le sr DOHET DE BOISROND *.	10	»
Domestique *	1	»

SAINT-CIERS-DU-TAILLON.

Le sr et la d{lle} D'ORIGNAC-SAINT-LÉGER . .	5	5

Jean-Auguste de Saint-Légier, chevalier, sgr d'Orignac, de La Vallardière et des Vinsons, chevalier de Saint-Louis, lieutenant des vaisseaux du roi, né, 1717, marié (1752) avec Marie-Anne Boullanger, — et sa sœur, Anne-Madeleine de Saint-Légier d'Orignac, née en 1719. — Il était fils d'Auguste de Saint-Légier, chevalier, sgr d'Orignac, etc., et d'Anne Chevalier.

MORTAGNE.

Les sr et d{lles} DU BOIS DE CHAZELY . . .	6	6
Domestique	1	1
Les enfants mineurs du sr LOUIS GRENIER DE LA SAUZAYE.	1	1
Le sr PIERRE GRENIER DE LA SAUZAYE. .	1	1
(Total, 15e page) . . .	1435 l.	

SAINT-EUGENNE.

Le sr CAMPET DE FRÉDOUVILLE (très-mal aise, devrait être modéré à 1 l. au plus) . .	3	1
Domestique *	1	»

Sans doute François de Campet, écuyer, sgr de Frédouville (paroisse de Saint-Eugène), marié à Bénigne de Luchet, fille de Charles-Auguste de Luchet, chevalier, sgr de Luchet et de Peudry, et de Judith Fresneau, dont : Anne-Aimée de Campet, mariée à Charles-Armand de Coflin. Il était fils de Nicolas de Campet, sgr de Frédouville, et d'Anne de Peyraux, et ajouta à son nom patronymique celui de Saujon, après la mort du dernier représentant de la branche aînée de la famille : Charles-Olive-Fleury de Campet, marquis de Saujon, colonel du régiment d'Orléans, mort à Darmstad en 1757. Campet : *d'azur, à la fasce d'argent, accompagné d'un croissant en chef et d'une coquille en pointe, du même.*

SAINT-EUTROPE D'AGUDELLE.

La ve du s^r de GUINANSON	6	6
Domestique	1	1

SAINT-FORT.

La ve du s^r DE CUMOND.	6	6
Domestique	1	1

Est-ce Suzanne de Beaupoil de Saint-Aulaire, mariée, 1746, à Jean-Timothée de Cumont, sgr des Salles en la paroisse de Saint-Fort ?

SAINTE-GEMME.

Le s^r GUENON DE LESTANG.	10	10
Domestique.	1	1
Le s^r DUCLOU DE LAVON.	3	3
La dame DE LESTRANGE	1	1
La ve du s^r GUENON DE LA SOUBRETIÈRE .	2	2

Il faudrait peut-être Joubretière ?

SAINT-GENIS-COMPRIS LES AIRES.

Le s^r DE FONREAU.	11	11
Domestique.	1	1

De la famille du Breuil de Fonreau que l'on croit de même origine que les du Breuil de Théon-de-Chateaubardon.

La ve du s^r ROBERT DE PIN.	1	1

Charlotte Blanchard, fille de Jacques Blanchard, s^r de La Chastaigneraye, et de Marie Vigean; elle avait épousé, 1693, Pierre Robert, écuyer, sgr du Pin près Mirambeau, cornette au régiment des dragons de Fontboizard, fils de Pierre Robert, écuyer, avocat au parlement de Bordeaux, et d'Anne du Fleix. Ils eurent pour fils, Jean Robert, écuyer, sgr du Pin, marié, 1738, à Marie-Anne-Jacquette de l'Etang, fille de Charles de l'Etang, écuyer, sgr de La Blanchetière, et de Marie-Renée de Ponthieu. Cette famille était issue d'Etienne Robert de Blessons, demeurant à Arfons en Lauraguès, en 1510. Armes : *d'azur, à la bande accompagnée d'un lion en chef et de deux croissants en pointe, le tout d'or.*

La ve du s^r DESIRAN.	3	3

Ne serait-ce pas de Siran, du Port-Limouzin en Saint-Thomas de Cônac? Armes : *d'azur, au lion d'or, armé et lampassé de gueules.*

Le s^r DE BEAUPOIL DE BEAULIEU. . . .	3	3

SAINT-GEORGES-DE-DIDONNE.

Les d^{lles} DE POLLIGNAC	3	3
(Total, 16e page). . . .	1492 l.	

SAINT-GEORGES-DES-AGOUTS.

Le s^r DE BELLEVILLE DE CHANTELOUP. .	8	8
Domestique	1	1

Jean de Belleville de Chanteloup, *excusé par son grand âge, au ban de 1758.*

SAINT-GEORGES DES COUTEAUX.

La fille mineure du s^r DE LATOUCHE DE CONCHAMP.	1	1
Les d^{lles} DE RAYMOND	2	2
Le s^r DUPRADEL (peut être taxé à 3 l.) . . .	»	6

C'est probablement Louis-Michel Courtray de Pradel, qui est présent au ban de 1758.

SAINT-GERMAIN-DU-SEUDRE.

La ve du s^r DE LAMARTONIE-CHALLAIS. . .	3	3
Domestique	1	1
La ve du s^r DE LAMARTONIE, père.	5	5
Domestique.	1	1

Peut-être Suzanne Galateau, déjà citée plus haut.

Le s^r DE BLOIS DE ROUSSILLON	30	30
Domestiques.	2	2

Charles de Blois de Roussillon, chevalier, sgr de Massac, capitaine d'infanterie au régiment de Mailly, chevalier de Saint-Louis, marié, 1751, à Marie-Anne Pandin de Beauregard. Il était fils de Geoffroy de Blois, sgr de Roussillon, et d'Anne-Suzanne Vigier de Massac. Charles de Blois fut présent au ban de 1758.

SAINT-HIPOLITE-DE-BIARD.

La d^{lle} DUPARC D'ARCHIAC	6	6
Domestique.	1	1

Est-ce Marie de La Rochefoucauld, fille de François (*aliàs* Isaac) de La Rochefoucauld, chevalier, sgr du Parc d'Archiac, de Sorlut et de La Rigaudière, et de Charlotte-Madeleine de Beaumont ? Elle est restée fille.

SAINT-LAURENT-DU-ROCH.

Le s^r STAFFE DE SAINT-ALBERT	10	10
Domestique	1	1

Est-ce Henri Staffe de Saint-Albert, écuyer, sgr des Jars, marié à Suzanne Chapuzet, ou leur fils, Jacques Staffe de Saint-Albert ? Henri est présent au ban de 1758.

Le s^r DE BEAULIEU.	6	6
Domestique	1	1

Le s^r GUÉRIN-MONVALON	6	6
Domestique.	1	1

Antoine-Henri de Guérin de Monvallon, écuyer, s^r de Bizac et de Montvallon, dont il a déjà été parlé plus haut, à propos de ses frères, s'était marié deux fois, 1° avec N. Voisin ; 2° avec Jeanne-Elisabeth Laugerat, veuve de Pierre-Michel de Méhée, et mourut sans postérité en 1790.

(Total, 17e page) . . . 1578 l.

SAINTE-LEURINE.

Le s^r DE BELLEVILLE.	10	10
Domestique.	1	1

SAINT-MARTIAL-DE-COCULET.

Le s^r DE PUYMARTIN.	3	3

SAINT-MARTIN D'ARSY.

Le s^r MALLET DE PUYVALLIER.	6	6
Domestique.	1	1

On trouve François Malet de Puyvallier présent au ban de 1758.

SAINT-MARTIN-DE-CHENAC.

Le s^r ALEXANDRE DE BEAUPOIL DE BESNE.	10	10
Domestique.	1	1
La veuve du s^r DE SAINT-SEURIN-BERTINAUD.	6	6
Domestique.	1	1

Apparemment Angélique de Verteuil, fille de Pierre de Verteuil, sgr des Granges, et de Henriette de Lisle. Elle avait épousé, 1692, Henry Bretinauld, baron de Saint-Surin d'Uzet, sgr de Chenac, Plassay, etc., veuf de Claude de Saint-Légier de Beauregard, et fut mère de Gabriel Bretinauld, sgr de Méré, qui forma la branche de ce nom.

Le s^r DE LACROIX DU REPAIRE.	3	3
Le s^r DE VALLÉE DE MONSANSON.	10	10
Domestique.	1	1

Charles-Gaspard de Vallée de Monsanson, présent au ban de 1758.

La dame veuve du s^r D'ASNIÈRE.	3	3
Le s^r D'ASNIÈRE, fils.	3	3

Le sr BERNARD DES RIVIÈRES. 6 6
Domestique. 1 1

SAINT-MARTIN-DE-MEUX.

La dlle DE SABOURIN.. . . . . 6 6
Domestique. 1 1

D'une famille du Parlement de Bordeaux. On trouve André de Sabourin, consr au Parlement de Bordeaux, marié à Jacquette de Grimard, dont Jeanne de Sabourin, dame de la baronnie des Guiniers en Saintonge, mariée, 1660, à Jean de Bourran, baron de Saint-Barthélemy, consr au Parlement de Bordeaux.

(Total, 18e page) . . . . . 1651 l.

SAINT-MAURICE-DE-TAVERNOLLES.

La dame DE MAVALLÉE.. . . . . 6 6
Domestique. 1 1

SAINT-PALAIS-DE-NÉGRIGNAC.

Le sr HILLAIRET DE BOISFERON. 5 5
Domestique 1 1

Ne peut être que François Hillairet, sgr de Maisonneuve et de Joriac, marié à Marie de Callières, et présent au ban de 1758, sous cette désignation : *François Hillairet de Boisferron.* — Cette famille est encore représentée.

SAINT-PALAIS PRÈS ROYAN.

Le sr MARIN, sgr de Saint-Palais. 5 5
Domestique. 1 1

SAINT-PHÉLIX.

La veuve du sr DE BELLEFONDS DE PUYFERRAT.. . . . . 6 6

Domestique. 1   1

SAINT-PIERRE-DE-MORNAC.

Le sr DE MORNAC. 30   30
Domestiques. 2   2

 Michel-César Boscal de Réals de Mornac, chevalier, sgr-baron de Mornac, ancien mousquetaire de la garde du roi, marié, 1740, à Marie-Françoise le Berthon de Bonnemie. Il était fils de César-Léon Boscal de Réals de Mornac, brigadier des armées du roi, chevalier de Saint-Louis, et de Marie-Perrine de Saligné de La Chaise, veuve dès 1733.

SAINT-SEURIN-D'UZET.

La dame DE SAINT-SEURIN, douairière. . . . 30   30
Domestiques 2   2

Le sr DE SAINT-SEURIN, son fils. 30   30
Domestiques. 2   2

 Marie-Anne Gentil de Brassaud de Brilhac, veuve d'Alexandre Bretinauld, baron de Saint-Surin, sgr de Chenac, Plassay, etc., qu'elle avait épousé en 1704, et mère de Henri Bretinauld, chevalier, sgr de Plassay, baron de Saint-Surin, dit le marquis de Chenac, marié à sa cousine-germaine, Marie-Françoise Gentil de Brassaud, fille de Séguin Gentil, écuyer, sgr de Brassaud, et d'Henriette Michel de La Lande. — Henri mourut, à Saintes, le 12 mai 1778, et fut père d'autre *Henri*, baron de Saint-Surin, marié, 1774, à Marie-Thérèse-Armande Froger de L'Éguille, fille de Michel de Froger, lieutenant-général des armées navales, commandeur de l'ordre de Saint-Louis, et de Marie-Thérèse de Gaudion.

    (Total, 19e page) . . . . . 1773 l.

SAINT-SEURIN ET AUVIGNAC.

Le sʳ DE PRESSAC DE LA PORTE. 3   3

Le sʳ ÉTIENNE MÉHÉE. 1   1

SAINT-SIMON-DE-PELLOUAILLE.

La veuve du sʳ DE LA CHATAIGNERAYE. . . 3   3

SAINT-SORLIN-SOUS-CONAC.

Le sʳ DE BEAUMONT. 3   3

SAINT-SULPICE PRÈS PONT-LABBÉ.

Le sʳ DE LA VALLADE, fils. 3   3

Sans doute *Nicolas*, deuxième du nom, sgr de Laurière, marié, 1742, à Jeanne Rolland; il était fils de *Nicolas*, premier du nom, et d'Angélique Geoffroy, et fut père d'Henri-Nicolas de La Vallade, écuyer, sgr de Laurière, marié, 1766, à Rose des Mothes, fille de Jean des Mothes, écuyer, sgr de La Croix, et de Renée de Carion. La Vallade : *d'azur, au chevron d'or, accompagné de trois croissants d'argent, 2 et 1*. Famille représentée à Saintes.

SAINT-THOMAS-DU-BOIS.

La dˡˡᵉ DE TISON. 1   1

SAINT-VALLIER.

Le sʳ DE SAINT-VALLIER. 3   3
Domestique. 1   1

SAINT-VIVIEN-DE-BREUILLET.

La dˡˡᵉ DE LA ROCHEBREUILLET. . . . 12   12
Domestique. 1   1

Le sr DE BARBEAU DE TAUPIGNAC.. . . .	25	25
Domestique.	1	1

On trouve Christophe Barthomé de Barbaud, fils, présent au ban de 1758.

(Total, 20ᵉ page) . . . . 1830. l.

SAINT-VIVIEN-DE-CHAMPONS.

La veuve du sr LOIZELOT DU BREUIL . . .	3	3

SABLANCEAUX.

Le sr de COURCHAMP	1	1

SALIGNAC.

La veuve du sr DE SAINT-MARSAULT . . .	12	12
Domestiques.	2	2

SALLES.

Le sr JACQUES DE RANSANNES	1	1
Le sr MARC DE RANSANNES	1	1
Le sr HENRY DE SAINT-MARTIN DE PUY-MOREAU	2	2

SAUJON.

Le sr DE LA MICHELLIÈRE	8	8
Domestique.	1	1

Pourrait être de la famille Lemouzin?

SEMOUSSAC.

Le sr DE CHARBON-BLANC	1	1

De la famille de Ransanne.

— 110 —

La veuve du sr DE GONDÉ et ses enfants . . 25   25
Domestiques. 2   2

Anne du Breuil de Théon, seconde femme de François de Gondé, chevalier, sgr de la Barde en Saint-Eugène, Saint-Dizant du Gua, Romaneau, le Buc, le Colombier, Semoussac, Sémillac et le Pible, lieutenant-colonel du régiment des Landes, chevalier de Saint-Louis, mort à Pons, le 7 avril 1742. Il avait eu pour première femme, Anne Dussault, fille aînée de *Nicolas*, écuyer, sgr de la Barde, et de Catherine Masparot.

(Total, 21° page) . . . 1,889 l.

Le sr DE CALVIMOND 12   12
Domestique. 1   1

SEMUSSAC.

La veuve du sr DE PORCHERESSE 3   3

SERIGNAC.

Le sr DE SAINT-PIERRE 3   3

Le sr DE LAMBALLERIE 6   6
Domestique. 1   1

SOUBRAN.

Le sr DE BELLEVILLE DE SAINT-PALLAIS. . 1   1

Jean-François de Belleville, chevalier, sgr du Pinier et de Saint-Pallais, mort en 1765, avait épousé, 1724, Jeanne-Angélique Beaupoil de Saint-Aulaire. Il était fils d'*Elie*, sgr de Saint-Pallais, et de Jeanne de Villedon. Jean-François fut présent au ban de 1758.

SOULIGNONNES.

Le s^r LE BERTON DE RANSANNES	5	5
Domestique.	1	1

Ce nom saintongeais fut, 27 ans plus tard, illustré par l'héroïque dévouement d'un de nos plus intrépides marins, *le brave Le Breton de Ransanne*, qui après avoir vu son bâtiment, *La Pallas*, arrêté par l'amiral anglais Keppel, au mépris du droit des gens, en 1778, « devait mourir glorieusement, dans la nuit du 5 juillet 1780, commandant alors *la Capricieuse*, en l'un des plus beaux combats de cette guerre, contre deux frégates anglaises. Le bras gauche percé d'un coup de fusil, blessé encore une heure après à la cuisse gauche, Ransanne ne quitta le commandement et le combat qu'après avoir été frappé à mort, à 5 heures du matin. » Le Breton de Ransannes : *d'argent, au roseau de sinople tigé en pal; une étoile de sable en chef, et un lion de gueules rampant contre le roseau.* Famille maintenue par d'Aguesseau en 1667. — Origine, François le Breton, avocat du roi à Saintes, marié avec Olive Guichard.

SOUSMOULIN.

Le s^r DE BONNEVIN.	20	20
Domestiques . . , ...	2	2

On trouve Pierre Bonnevin de Jussas, présent au ban de 1758.

(Total, 22e page) . . 1944 l.

TAINS.

Le s^r DE RAZAC, fils	1	1
Le s^r DU BOURDET	1	1

Peut-être Charles de Bureau du Bourdet qui est

présent au ban de 1758? Les Bureau de Lormont et du Bourdet étaient les mêmes que ceux de Civrac, et tiraient leur noblesse de l'hôtel-de-ville de Niort. — On trouve aussi Alexandre Bureau du Bourdet, excusé au ban de 1758, *étant estropié*.

TENAC ET LES ARRENNES.

Le s^r DE CHAMBRE DE LA MOTTE, père . .	1	1
Le s^r DE CHAMBRE, fils	1	1

TESSON.

Le s^r DE RIVERON DE MALVAUD.	25	25
Domestiques.	2	2

THÉZAC.

Le s^r DE LOMBRAIL	12	12
Domestiques.	2	2

Probablement Charles Crespin de Lombrail, présent au ban de 1758.

TRISAY.

Le s^r DE MONTFRIAND DE CHAMBON . . .	6	6
Domestique.	1	1

VALLET.

Le s^r DE FLAMBART	2	2

Est-ce François de Flambard, écuyer, mort en 1772, ou Louis Flambard de Bessac, présent au ban de 1758?

(Total, 23e page) . . 1998 l.

VARSAY.

La dame veuve DE BRASSAUD et ses enfants .	40	40
Domestiques	5	5

Henriette Michel de la Lande, mariée le 23 mai 1710 à Seguin Gentil, chevalier, sgr de Brassaud, la Fond, Saint-Christophe, Rétaud, Varzay, les Romades, descendant du célèbre Seguin Gentil, maire de La Rochelle, en 1493, envoyé en mission par François Ier en Flandre, etc., morte le 7 janvier 1754, laissant 6 enfants : 1° Mme de La Laurencie ; 2° Marie-Anne-Françoise Gentil, femme de Henry Bretinauld de Saint-Surin ; 3° *Elisabeth* religieuse ; 4° *Jean*, jésuite ; 5° Mme Lemousin ; 6° Anne Gentil de Brassaud, mariée à Charles de Beaumont, sgr d'Eschillais et de la Brissetière, enseigne de vaisseau en 1749, dont : Geneviève-Victoire de Beaumont, dame de la Brissetière, mariée (1773) à François-Dominique Aymer, sgr de Marsilly, capitaine au régiment de Piémont-infanterie et chevalier de Saint-Louis.

VASSIAC-SOUS-MONTGUYON.

Le s[r] DE CIVATTE	30	30
Domestiques	2	2
Le s[r] DU BOIS DE RIPE	3	3
Le s[r] DE PRESSAC DE LIONCEL (payé comme officier de la marine, à Rochefort; a été déchargé par ce motif) *	3	»

Est-ce François-Hector de Pressac de Lioncel, présent au ban de 1758, ou Jacques de Pressac, excusé au même ban, comme *infirme* ?

VILLARS.

Le s[r] DE LA MALTERIÈRE	12	12
Domestique	1	1
La dame veuve du s[r] DE SAINT-MATHIEU DES TOUCHES	15	15
Domestique	1	1

Cette dame était probablement la mère de Paul-Cidrac de Saint-Mathieu des Tousches qui comparaît au ban de 1758; il épousa, 1740, Catherine de Malvin de Montazet, fille de Charles, marquis de Montazet, et de Jeanne-Françoise de Fontanges de Maumont, et ne laissa que des filles. Saint-Mathieu : *d'azur, au lion d'or, armé de sable, cantonné d'une fleur de lis de même (d'or) à chaque canton.*

VILLEXAVIER.

Le s^r comte DE SAINT-SIMON, père	60	60
Domestiques.	3	3

Louis-Claude de Rouvroy, comte de Saint-Simon, sgr de Villexavier, Chartuzac, Tugeras, Rouffignac, marié à Jeanne de Souchet, décédé en 1754. Il fut l'aïeul de Claude-Anne de Rouvroy, duc de Saint-Simon, grand d'Espagne de première classe, né à Villexavier, 1743, élu député de la noblesse d'Angoumois aux États-généraux de 1789, et mort à Madrid, en 1826.

(Total, 24e page) . . 2173 l.

VIBRAC.

Le s^r PHILIBERT DE FLAMBARD, sgr de Vibrac	12	12
Domestique	1	1

Philibert de Flambard, présent au ban de 1758.

Somme principale . .	2186 l.
Quatre sols par livre . .	437 l. 4
Total . . .	2623 l. 4

Somme totale du présent rolle, deux mille cent quatre-vingt-sept livres (sic).

Et pour les quatre sols pour livre, quatre cent trente-sept livres huit sols (sic).

Fait, ce 28 octobre 1750.

DEBLAIR DE BOISEMON.

ÉLECTION DE SAINTES

CAPITATION DE 1749

PRIVILÉGIÉS

VILLE DE SAINTES.

OFFICIERS DU PRÉSIDIAL.

Le s^r LE BERTON DE BONNEMIE, président et lieutenant-général. . . . . 90 l.
Domestiques. 3

Marc-Auguste le Berthon, baron de Bonnemie, marié à Louise de Gascq de Léoville, dont entre autres enfans, *Emmanuel-Cajétan*, aussi président-lieutenant-général, qui, en cette qualité, présida l'assemblée du Tiers-état, à Saintes, en 1789.

Le s^r LEMERCIER, lieutenant-criminel. 40
Domestique. 1

Jean-Élie Lemercier, père de *Louis-Nicolas*, député du Tiers de la sénéchaussée de Saintes aux Etats-généraux de 1789.

Le sʳ SARRY, lieutenant-particulier. 40
Domestiques. 2

 Peut-être Pierre, frère de Henri Sarry, écuyer, baron de La Chaume, seigneur de Panloy; ce dernier, marié à Marie-Anne le Berton de Ransannes, fut père de Marie Sarry, mariée (1760) à Jacques Michel de Saint-Dizant, baron de Saint-Dizant, dont Marie-Anne Michel de Saint-Dizant, femme (1785) d'*Henri*, marquis de Grailly.

Le sʳ DOHET DE SAINT-GEORGES, conseiller.. . . 30
Domestiques. 2

 André Dohet de Saint-Georges qui appartenait apparemment à la même famille que Nicolas-Jacques Dohet de Boisrond, conseiller à la cour des Aides de Bordeaux, présent à l'assemblée électorale de la noblesse de Saintonge en 1789.

Le sʳ DESLANDES, conseiller. 30
Domestiques. 2

Le sʳ DEFONREMIS, conseiller. 30
Domestiques. 2

 De la famille Méthé de Fonremis, encore représentée à Saintes. Ce devait être Jean-Baptiste Méthé-Fontremis, marié à Élisabeth-Jeanne Baudet de Beaupré, et père de *Pierre*, aussi conseiller au présidial. Méthé porte : *d'argent, à 5 lozanges de gueules en sautoir*.

Le sʳ DANGIBEAUD, conseiller. 30
Domestiques. 2

 Jean-Claude Dangibeaud, marié (1732) à Marie-Henriette Guenon, était dès lors conseiller au présidial. — Il mourut en 1780.

Le sʳ RÉVEILLAUD, conseiller. 30
Domestiques. 2

Sans doute Joseph Réveillaud, conseiller au présidial, décédé à Saintes, le 9 décembre 1754, à l'âge de 53 ans.

Le sr JAUBERT, conseiller. 30
Domestiques. 2

François Jaubert, écuyer, seigneur de la Barde et de Pressac, né (1710) à Barbezieux, marié à d{lle} Texier, dont postérité représentée actuellement à Baigne-Sainte-Radégonde.

Le sr CHERPENTIER DE LA VARENNE, conseiller. . 30
Domestiques. 2

(Voir *Privilégiés* de Saint-Jean-d'Angély.) On trouve Pierre-Victor Cherpentier de la Varenne, écuyer, seigneur de Périgny, officier de cavalerie, garde du corps du comte d'Artois, lequel épouse (1790) à Pérignac, Marie-Jeanne Laplanche, veuve de Nicolas Phelippot. Il était lui-même veuf, et fils de N. Cherpentier de la Varenne, chevalier de Saint-Louis, et d'Anne Raboteau, de la ville de Taillebourg.

Le sr DE BOURDEILLE. 30
Domestiques. 2

Jean de Bourdeille, conseiller au présidial, marié à Marie-Anne Chevreuil, et inhumé en l'église Saint-Pierre de Saintes, le 28 décembre 1768.

Le sr DEGRANGES, conseiller. 30
Domestiques. 2

Louis Desgranges, marié deux fois : 1° à Jeanne Ardouin, décédée avant 1744 ; 2° vers 1748, à Françoise-Angélique de Bobène.

Le sr PAILLOT, conseiller. 30
Domestiques. 2

Jean Paillot, marié à Louise-Catherine Richard de la Ferrandière (ou Ferlanderie).

Le sʳ MOUVOIZIN, conseiller. 30
Domestiques. 2

Le sʳ DANGIBEAUD DE FONTAUTIVE, conseiller
honoraire. 30
Domestiques. 2

 Joseph Dangibeaud de Fontautive, qualifié conseiller d'honneur en 1748, lors de son mariage avec Marguerite Vilain. On lui donne aussi pour femme Angélique Rivière. Il est mort en 1756.

Le sʳ GUENON DE BRIVES, avocat du roy. 30
Domestiques. 2

 Pierre Guenon, seigneur de Brives. Il devait être fils ou frère de Jacques Guenon de Brives, ancien capitaine d'infanterie, présent au ban de la noblesse de Saintonge en 1758.

Le sʳ DE BEAUNE, procureur du roy. 40
Domestiques 2

 Peut-être Jean-Baptiste-Louis de Beaune que l'on trouve encore procureur du roi au présidial en 1779 ; ou Jean-Baptiste de Beaune, procureur du roi dès 1713, époque à laquelle il épouse Marie-Élisabeth Mariaud.

Le sʳ COMPAGNON, avocat du roy. 30
Domestiques. 2

 Jacques Compagnon, écuyer, seigneur de Thézac et de Thains, conseiller-secrétaire du roi, subdélégué de l'intendant, marié à Thérèse Bergerat, et décédé en 1779.

Le sʳ BRUNET, greffier. 20
Domestiques. 2

 Doit être le père de Brunet, greffier en chef en 1789. Famille encore représentée à Saintes par M. Brunet, célibataire.

Le s^r MÉTAYER, receveur des consignations. 6
Domestique. 1

De la même famille devait être M. Métayer, ancien pharmacien, décédé il y a quelques années, laissant de son second mariage avec d^{lle} Appert, deux filles, Mmes Decrugy et Montgrand.

OFFICIERS DE L'ÉLECTION.

Le s^r DELAAGE DE MEUX, président. 50
Domestiques. 2

Jérôme Delaage, fils d'Hélie Delaage, receveur des tailles, et de Marie Roffray, succéda (1742) à M. Mossion de la Gontrie en la charge de président de l'Élection de Saintes, et se maria avec Marie-Adélaïde Faure dont nombreuse postérité.

Le s^r VIEUILLE, lieutenant. 40
Domestiques. 2

Philippe-Auguste Vieuille, lieutenant-général en l'Élection, marié avec Anne Berry.

Le s^r JOUBERT, élu. 40
Domestiques. 2

Le s^r GALOCHAUD, élu. 40
Domestiques. 2

Est-ce Pierre Gallocheau, conseiller-doyen en 1777, et lieutenant de maire de Saintes ? Il était père de Marie-Claire-Jeanne-Françoise-Arnaud-Guillaume Gallocheau, mariée (9 juin 1777) à Philippe-Joachim-Ferdinand Rondeau, lieutenant-général, commissaire enquêteur-examinateur au bailliage de Rochefort, etc.

Le s^r POITEVIN, procureur du roy. 40
Domestiques. 2

Louis-Nicolas Poitevin, seigneur de la Morinerie et de la Frégonnière, marié à Marie-Catherine Pain, dont postérité. Tout porte à croire qu'il était fils de Louis Poitevin, qualifié *messire*, trésorier général de France, et de Marie Duval, remariée (1696) à Jean-Baptiste Pissonnet, écuyer, seigneur de Bellefond. — L'ancienne famille Poitevin de la Frégonnière et de Mauléon est encore représentée à Saintes.

Le sr ARDOUIN, substitut..	10
Domestiques.	1

Le sr GUILLAUD, greffier..	15
Domestiques.	1

Le sr FAURE, receveur de tailles.	300
Domestiques.	2

Est-ce Joseph-Louis Faure-Douville, né à Saintes vers 1726, et receveur des tailles en cette ville (V. *Biog. Saintongeaise*); ou son père, ancien fermier-général, aussi receveur des tailles à Saintes, charge qu'il transmit à son fils ?

Le sr DELAAGE, receveur des tailles.	300
Domestiques.	2

Peut-être Hélie Delaage, receveur des tailles, marié à Marie Roffray, et père de *Jérôme*, précité.

La veuve du sr DUSSAULT, assesseur..	5
Domestique.	1

Probablement Gabrielle Pollard, fille d'un directeur-général des gabelles de France, et femme de l'auteur de l'*Usance*, Jean du Sault, seigneur de Terrefort, assesseur au siège présidial de Saintes ; à moins que ce soit la veuve de leur fils qui doit être le même qu'un Jean Dussault, avocat en 1714, présent au mariage de sa cousine, Marie Renaudet, avec René de Beauchamps. On ignore du reste si ce *Jean*, qui aurait été plus tard garde-du-corps du roi, s'est marié.

Les enfants mineurs du s' DE ROCHECOUTE, assesseur 3

    De la famille Robert de Rochecoute.

La veuve du s' THOMAS, conseiller. 6
Domestique. 1

    Est-ce la veuve de Pierre Thomas, baron d'Authon, conseiller au *présidial* dès 1728, et mort vers 1763, laissant trois filles? Cependant, il semble indiqué ici comme conseiller en l'Élection.

La veuve du s' LABBÉ, conseiller. 5
Domestique. 1

La veuve du s' DANGIBEAUD, prévost. 5
Domestique. 1

    Dangibeaud, prévôt de Saintonge, portait : *de sinople, à la croix d'or*. (Armorial 1696.)

La veuve du s' BERRY, conseiller, et ses enfants. . . 6
Domestique. 1

La veuve du s' GARONNE. 1

    On trouve un s' Audebert de Garonne, maire alternatif de la ville de Saintes en 1715.

La veuve du s' RÉVEILLAUD, conseiller. 5
Domestique. 1

La dame veuve GARRAT. 5
Domestique. 1

Le s^r DORÉ?, directeur des biens fugitifs. 10
Domestique. 1

La dame RENAUDET. 3

    Serait-ce Élisabeth Ocqueteau, femme de Joseph Renaudet, maire perpétuel de Saintes? Elle fut mère de Marie Renaudet, mariée (par contrat du 12 juillet 1714) à René de Beauchamps, chevalier, seigneur de Souvigné, enseigne de vaisseau, et était fille de Pierre Ocqueteau, conseiller au présidial de Saintes, et de Marie Dussault, sœur de Jean Dussault, auteur de l'*Usance*.

Le s^r BUISSON, entrepreneur du tabac. 6

La veuve du s^r RABAT. 6

La veuve du s^r VIEUILLE. 5

    Probablement Marguerite Dufaur, veuve de Pierre Vieuille, lieutenant-général en l'Élection, décédée à Saintes en 1766, à l'âge de 68 ans, et inhumée en l'église Saint-Vivien.

Le s^r BILLARD, directeur de la poste. 6

PONS.

Le s^r MOSSION, controlleur. 6
Domestique. 1

    François-Nicolas Mossion, conseiller du roi, commissaire aux saisies réelles, receveur des consignations et contrôleur des actes des notaires à Pons, marié à Marie-Rachel Olanyer, mort le 15 août 1750, à l'âge de 52 ans. Son fils, Claude-Hyacinthe Mossion, aussi conseiller du roi, commissaire aux saisies réelles, receveur des consignations et contrôleur des actes des notaires à Pons, se marie, le 18 novembre 1758, alors âgé de 26 ans, à d^{lle} Anne Heudebourg, fille de feu Jean-François Heudebourg, et de Marguerite Chauvin. Né en 1732, *Claude-Hyacinthe* n'avait donc que 17 ans en 1749, et tout porte à croire qu'il s'agit ici de son père.

Le s^r RICHARD, m^e de poste.	6
Domestique.	1

CIERZAC ET BEDENAC.

Le s^r DAVIAUD, m^e de poste.	6
Domestique.	1

ARTENAC.

Le s^r CLAUDE DURAND, *référandère* vétérant.	20
Domestiques	2

BARBEZIEUX.

Le s^r DEMOULINNEUF, directeur de la poste	6
Domestique.	1

Le s^r TEXIER, élu en l'Election	40
Domestiques.	2

Le s^r AUGEREAU, lieutenant	40
Domestiques.	2

Jean Augereau, marié à Marie-Magdeleine Daudenet de la Tousche (V. Élection de Barbezieux).

Le s^r BANCHEREAU, procureur du roy.	40
Domestiques.	2

Le s^r LOQUET, m^e de poste.	6
Domestique.	1

Il était maitre de poste dès 1746 (V. *Chronique protestante de l'Angoumois*, par V. Bujeaud).

RIGNAC.

Le s^r LAUNY, m^e de poste. 6
Domestique. 1

Il est appelé ailleurs Mala de l'Auny. (V. Élection de Barbezieux).

MORTAGNE.

Le s^r GIRAUDOT, ancien conseiller *référandaire* vétérant. 20
Domestiques 2

Somme principale, dix-huit cent quarante-trois livres	1843 l.
Quatre sols pour livre, trois cent soixante-huit livres douze sols.	368,12^s
Total.	2211,12^s

Au payement desquelles sommes tant principale que quatre sols pour livre, les dénommés au présent Rolle seront contraints par les voies et dans les termes portés par la déclaration du roy du mois de mars mil sept cent deux et arrêt du conseil du 18 décembre 1747, entre les mains du receveur des tailles en exercice l'année mil sept cent quarante-neuf. Fait ce vingt décembre mil sept cent quarante-huit.

Signé : De Pleurre.

VII.

ÉLECTION DE LA ROCHELLE.

CAPITATION DE 1750

NOBLESSE

Rolle de répartition, etc.

	1749	1750
La dame v⁰ MAUCLERC.	10 l.	10 l.
Domestiques	1	1

A cette famille appartenait Marie-Honoré-Raimond de Mauclerc, marié à Marguerite-Angélique d'Auray de Brie, née à La Rochelle en 1782, fille de René-Alexandre d'Auray, comte de Brie, sgr d'Artigues, Landraye et Monlieu, capitaine d'infanterie, chevalier de Saint-Louis, et de Marguerite-Angélique Gaudin de Landraye. De ce mariage, plusieurs enfants : 1° Edouard-Alexandre de Mauclerc, marié, sans enfants, habitait Surgères; 2° Gustave-Auguste-Edouard de Mauclerc ; 3° Marie-Ours-Amédée de Mauclerc, doit avoir épousé d^lle de Brasine, et a longtemps habité Lafond près La Rochelle;

4° Marie-Louise de Mauclerc, mariée à Charles-Louis, baron Vast-Vimeux, général de brigade, député au corps législatif, etc ; 5° Marie-Elisabeth-Clara de Mauclerc, mariée (1829) à Louis-Joseph Boussés de la Grange, capitaine de grenadiers au 60e régiment de ligne, chevalier de Saint-Louis, officier de la Légion d'Honneur ; 6° Antoinette-Charlotte de Mauclerc, mariée avec Auguste-Arnaud Dubourg, décédée depuis longtemps.

Le fils aîné de la dame DE SOURDON	5	3
Domestiques	1	

Probablement Claude-Philippe Huet, sgr de Sourdon, l'électeur de 1789, à La Rochelle, né en 1719 et marié en 1771.

La dame ve du sr TREMBLAY, à Saint-Jean de Liversay.	3	3
Domestiques.	1	1

La dame ve du sr MIGNONNEAU.	2	2
Domestiques	1	1

Des Mignonneau, srs de Louche, qui portaient : *d'azur ; au chevron d'argent, surmonté d'un croissant de même, et accompagné de 3 étoiles d'or.*

La dame ve PROU.	10	10
Domestiques	1	1

La famille Prou, Proust ou Proux, issue de Jean Prou, sr de Fief-Buot, maire de La Rochelle en 1620, et maintenue en 1667 en la personne d'Hélie Proust, médecin, doit être la même que celle des Proux de Mont-Roy qui comparait à l'assemblée électorale de 1789.

Le sr comte DE CULANT-CIRÉ	60	60
Domestiques.	4	4

René-Alexandre, marquis de Culant, sgr baron de Ciré, capitaine de cavalerie au régiment Royal-Pologne, mestre de camp de dragons, chevalier de Saint-Louis, né en 1717, marié (1744) à Marie-Hélène-Marguerite Bady de Dourlers, fille d'Antoine Bady de Dourlers, grand-bailli d'Avesnes, et de Catherine Rouillon de Castagne, dont Charles-Alexandre de Culant, capitaine de cavalerie, marié (1768) à Elisabeth-Lucie Petit du Petit-Val. René-Alexandre était fils d'autre René-Alexandre de Culant, marié à Saintes (1710) à Jeanne d'Aiguières, dame de Lisle et du Frignan, fille de Louis d'Aiguières, sgr du Frignan en Provence, et de Geneviève de Meaux, dame de Lisle. — Culant : *d'azur, au lion d'or, l'écu semé d'étoiles de même.* Famille éteinte.

Le sr LANOUE, père.	20	20
Domestiques	2	2
Le sr LANOUE, fils.	40	40
Domestiques	3	3

Ce dernier devait être Henri-Auguste Baudouin de la Noue, marié (1746) à Marie-Thérèse de Culant, sœur du comte de Culant qui précède; il vote en 1789.

Le sr DEMIRANDES DES PORTES, fils.	20	20
Domestiques.	2	2
Le sr DEMONTILS-DE-SAINT-VIVIEN.	3	3
Domestiques.	1	1
Le sr DE MARIGNY.	25	25
Domestiques.	2	2

Est-ce Gaspard de Bernard, sgr de la Motte et de Marigny, marié à La Rochelle (1712) avec Suzanne Bernon, veuve de Pierre Harouard; ou leur fils, Gaspard-Pierre-Alexandre de Bernard de Marigny, marié (1740) à Marie-Monique de Raymont? Celui-ci fut père de Gaspard-Augustin-René de Bernard de Marigny, commandant en chef de l'artillerie vendéenne, qui périt si tragiquement en 1794.

La ve du s^r VILSON.	10	10
Domestiques.	1	1

Sans doute Marie Véronneau, mariée à Louis de Vilson, écuyer, s^r de La Roche, et qui en aurait eu : 1° Nicolas de Vilson, écuyer, sgr de La Roche; 2° Marie de Vilson, mariée à Jean-François Petit, écuyer, sieur du Petit-Val. Vilson : *d'azur, à 3 flanchis d'or, au lion couché du même, en chef.*

Le s^r DEGAALON	10	10
Domestique.	1	1

Peut-être Jacques de Gaalon, sgr de Saint-Martin-de-Villeneuve, qui vote, à La Rochelle, en 1789? ou son père, Albert de Gaalon, sgr de Villeneuve, marié à d^{lle} Nadeau, et fils de Jacques de Gaalon, sgr de Villeneuve, et de N. Giraudin. Cette famille originaire de Normandie, s'est établie en Saintonge depuis le siége de La Rochelle, auquel prit part Jacques de Gaalon qui se maria (1630) à N. d'Aubigné dont il eut : Pierre de Gaalon, sgr de Villeneuve, marié à d^{lle} de La Voyrie, aïeul d'*Albert*, précité.

La ve du s^r PINEAU.	15	15
Domestiques.	1	1
Le s^r PINEAU.	10	10
Domestiques.	1	1

Probablement Marc-Auguste Pineau, garde de la marine vers 1752, et plus tard enseigne des vaisseaux du roi (1761) lorsqu'il prit le commandement de la frégate l'*Opale* après la mort glorieuse du marquis d'Ars dont il était le second (voir *Charles de Bremond, marquis d'Ars*, par A. de Barthélemy, Nantes 1866). Il était fils d'autre Marc-Auguste Pineau, écuyer, et appartenait à une ancienne famille de La Rochelle, qui avait fourni à cette ville plusieurs maires depuis le xvi⁰ siècle. Armes : *d'argent, à 3 pommes de pin de Sinople.*

La v⁰ du s ͬ DE LA TREMBLAY. 30   30
Domestiques. 2   2

Le s ͬ DE LA TREMBLAY, fils. 20   20
Domestiques 2   2

De la famille Jouin de la Tremblays? ou des Robin de la Tremblaye? La première hypothèse est la plus probable.

La dame v⁰ DELAGRANGE, à Cran. 10   10
Domestiques. 1   1

Son mari devait être de la même famille que Jacques de La Grange, s ͬ de Clergue, condamné comme *usurpateur* par Bégon (1700), et qui se sera fait relever de cette condamnation? Armes : *d'azur, au lion d'argent, une trangle du même brochant au-dessous de la tête du lion.*

Le s ͬ DEFAVAUD, au Breuil-la-Réolte 3   3
Domestiques. 1   1

Calais de Favaux, famille maintenue par Colbert du Terron (1668), et représentée à l'assemblée électorale de La Rochelle en 1789.

Le s ͬ DE GOUET, près Mauzé. 20   20
Domestiques. 1   1

La d^lle BÉRAUDY. 20   20
Domestiques. 2   2

> Lainé (*Nobiliaire de La Rochelle*) écrit Berrandy et fait descendre cette famille de Martin de Berrandy, s^r de Beauséjour, élu maire de La Rochelle en 1611. Armes : *d'azur, au chevron accompagné en chef de 3 étoiles rangées, et en pointe d'un chien surmonté d'un cœur, le tout d'or.*

La ve du s^r DUVIGNAU. 3   2
Domestiques. 1   1

> Peut-être la mère de Marc-Antoine Duvignau, qui vote à La Rochelle, en 1789?

La ve du s^r GALLIFET 20   20
Domestiques. 4   4

> Probablement Marie-Marguerite-Suzanne Huet, fille d'Antoine Huet, sgr du Rivau et de Granzay, capitaine des vaisseaux du roi, et de Suzanne-Henriette Béraudin. Elle épousa (1709) Philippe de Gallifet, chevalier, sgr de Granzay et du Rivau (par sa femme), alors lieutenant de vaisseau, et depuis capitaine d'une compagnie franche de la marine et lieutenant des maréchaux de France au pays d'Aunis. D'après La Chenaye des Bois, elle serait décédée dès le 26 mars 1740, ce qui doit être une erreur typographique pour 1750. Son fils, Philippe-Christophe-Amateur de Gallifet, baron de Dampierre, sgr de Granzay, mestre de camp du régiment de la Reine, brigadier des armées du roi, mort en 1759, devait être le même que le comte de Gallifet, membre associé de l'Académie de La Rochelle en 1752. Marié (1756), à Marie de Lévis, il n'en a laissé que deux filles, dont l'aînée a épousé (1772) Louis-François-Alexandre de Gallifet, son cousin.

Le s^r DE SAINT-MARSAULT. 12   12
Domestiques   2   2

Sans doute Louis-Henri-Alexandre Green de Saint-Marsault, sgr de l'Herbaudière, Cramahé, Fontchauveau, mort le 16 février 1752, marié le 9 décembre 1731 à Suzanne de Compaing.

La ve du s^r TULLERON.	5	5
Domestiques.	1	1

On trouve François Tulleron, fils, conseiller au présidial en 1698.

Le s^r GAUDIOU DE LAVANNERIE, à Ardillière.	30	30
Domestiques.	5	5

La ve du s^r MOUCHARD DE CHABAN.	3	3
Domestiques.	1	1

Sans doute Suzanne Cothonneau de Millefleurs, mariée, en secondes noces, à Isaac-François-Marie Mouchard de Chaban, écuyer, sgr de Croix-Chapeau, La Garde, etc., conseiller-secrétaire du roi, dont deux filles : 1° Marie-Anne-Louise-Mouchard de Chaban, mariée à Claude Mouchard de Chaban, son cousin-germain, major des gardes françaises ; 2° Marie-Anne-Françoise Mouchard de Chaban, née à Croix-Chapeau (1738), mariée (1753) à Claude de Beauharnais, comte des Roches-Baritaud, chef d'escadre. (Voir *notice sur Rivedoux*, par M. Phelippot).

Le s^r DORMAT.	40	40
Domestiques.	4	4

La ve du s^r DE SAINT-QUENTIN	20	20
Domestiques.	2	2

Est-ce la mère de Louis-Gabriel Ancelin de Saint-Quentin, député suppléant aux Etats-Généraux (1789) pour la sénéchaussée de La Rochelle ?

Le s^r DELAGARDE-AUX-VALETS	50	50
Domestiques.	3	3

On trouve François-Henri Harouard, écuyer, sgr de Saint-Sornin, qualifié aussi sgr de La Garde-aux-Vallets en 1768. Il était fils d'Etienne-Henri Harouard du Beugnon, sgr de La Jarne et de Saint-Sornin, secrétaire du roi, et de Louise-Marie Bonneau, et se maria (1762) à Françoise-Esther de Saint-Estève, fille de Bruno de Saint-Estève, commissaire provincial de la généralité de La Rochelle, et de Françoise Blavout, dont il eut : Henriette-Aglaé Harouard de Saint-Sornin, mariée à Charles-Cosme de Meynard, à qui elle porta cette terre de La Garde-aux-Vallets.

Le s^r DE LUCHET-DE-LA-RIVIÈRE.	3	3
Domestiques.	1	1
La dame v^e du s^r DE LA RIVAGERIE	10	10
Domestiques.	1	1

Ce doit être Marie *Sibille* (peut-être fille de Guillaume Sibille de Milan, conseiller au présidial en 1685), mariée à Etienne-Auguste Viette, écuyer, s^r de La Rivagerie, enseigne des vaisseaux du roi, dont le fils, Etienne-Auguste Viette, écuyer, s^r de La Rivagerie, conseiller au présidial, épouse, 1748, alors âgé de 30 ans, Marie-Geneviève Valin, âgée de 18 ans, fille de René-Josué Valin, avocat au présidial, procureur du roi à l'Amirauté (le célèbre jurisconsulte), et d'Anne-Marie-Françoise Pichard. — Viette de La Rivagerie : *d'argent, à la bande d'azur, accostée de 3 tourteaux de gueules.* (*Armor.* de Bretagne), famille représentée, notamment par M. A. H. Viette de La Rivagerie, capitaine au 3e dragons.

Le s^r DE VILDON, à Mortagne	30	30
Domestiques.	3	3

Serait-ce Antoine de Villedon de Courçon, sgr de Mortagne-la-Jeune, né en 1733, à Angoulême, dont la veuve, Marie-Suzanne de Villedon, vote par procureur à l'assemblée de La Rochelle en 1789? — Il n'avait alors que 17 ans, et si c'est par suite de son mariage qu'il vint s'établir à La Rochelle, tout porte à croire que le contribuable dont il s'agit devait être plus tôt son beau-père.

Le sr DUPETIT-VAL, l'aîné.	30	30
Domestiques.	2	2

Jean-François Petit, écuyer, sr du Petit-Val, marié à Marie de Vilson. Il était fils aîné de François Petit, sr du Petit-Val, écuyer, conseiller et procureur du roi au bureau des finances de La Rochelle, né à Paris en 1653, et d'Esther de Bernon qu'il avait épousée, à La Rochelle, en 1693, et fut père de : 1° Marie-Anne Petit du Petit-Val, mariée (1751) à Jean-Antoine Carré, écuyer, sgr de la baronnie de Sainte-Gemme (en Poitou), conseiller et secrétaire du roi, maison-couronne de France et de ses finances, dont nombreuse postérité; 2° Marie-Anne-Louise Petit du Petit-Val; 3° Marie-Agathe Petit du Petit-Val, mariée (1765) à Pierre-Etienne-Louis Harouard, écuyer, sgr de La Jarne, Buzais, etc., conseiller du roi et son lieutenant-général au siége de l'Amirauté de La Rochelle; 4° Marie-Paule Petit du Petit-Val.

La ve du sr VÉRONNEAU.	10	10
Domestique.	1	1

Benjamin Véronneau, sr de La Serrie, avocat au parlement, fut, en récompense de ses services et de sa fidélité pendant la Fronde, anobli par lettres données à Poitiers en 1651, et signées *Louis*, de Loménie et Molé. Il fut père d'Antoine Véronneau, père lui-même de : Hélie-Laurent Véronneau, écuyer, sgr de La Serrie, lieutenant-particulier, assesseur criminel au présidial, maintenu en 1702, et veuf, avant le 26 avril de la même année, de Catherine Poirier, fille de Martin Poirier, et de Catherine Cailleteau, dont il avait eu Marie-Catherine Véronneau de La Serrie, mariée (1702) à Jean-Joseph de Livenne de Balan, lieutenant au Régiment-du-Roi, et probablement aussi un fils, dont la veuve aura été employée au présent rôle. — Véronneau : *d'argent, à la rivière d'azur, chargée de 10 bars contournés d'argent.* Nous pensons qu'au lieu de *bars*, il faudrait lire dans le blason : *vérons*, petit poisson du genre goujon, dont le nom, *véron* ou *vairon* (*varié*), cadre mieux avec des armes parlantes.

La ve du s^r DE MARCOGNET, à Fouras. . . . 10 10
Domestiques. 1 1

Est-ce la femme de Nicolas Binet, s^r de Marcognet, gouverneur particulier de La Rochelle, décédé en cette ville, le 30 août 1717 ?

La ve du s^r RÉGNIER DE LA ROCHE. 3 3
Domestiques. 1 1

La d^{lle} DE LA SERRIE. 10 10
Domestiques. 1 1

Fille ou petite-fille d'Elie-Laurent Véronneau, s^r *de La Serrie*, lieutenant particulier, assesseur criminel au présidial de La Rochelle en 1681, déjà mentionné plus haut.

Le s^r DE SAINT-ESTÈVE, commissaire provincial des guerres à La Rochelle, attendu qu'il a payé en cette qualité sur un rôle particulier . néant
Domestiques. 3 3

Bruno de Saint-Estève, écuyer, conseiller du roi, commissaire provincial de la généralité de La

Rochelle, chevalier de Saint-Louis, natif de Saint-Martin de l'Ile-de-Ré, mort à La Rochelle (avril 1771), âgé de 72 ans, marié 2 fois : 1° à Marie-Renée-Françoise Racine; 2° à Françoise Blavout, et laissant au moins deux enfants : *A*. Joseph-Louis-Stanislas de Saint-Estève, écuyer, commissaire provincial des guerres à La Rochelle (l'électeur de 1789); et *B*. Françoise-Esther de Saint-Estève, issue du second mariage et mariée (1762), âgée de 20 ans, à François-Henri Harouard de Saint-Sornin, écuyer, sgr de Saint-Sornin et de La Barre, âgé de 30 ans, fils d'Etienne-Henri Harouard du Beugnon, écuyer, secrétaire du roi, maison-couronne de France et de ses finances, sgr de La Jarne, et de Louise Bonneau.

La ve du s^r BUTLER, lieutenant de l'Amirauté. .	10	10
Domestiques	2	2

    Jean Butler était maire de La Rochelle en 1739.

Le s^r DEVALMINIÈRE.	60	60
Domestiques.	4	4

    Sans doute Etienne-Marie-Georges de Cacqueray de Valmenier, né à Rochefort (1729), électeur à La Rochelle en 1789. (Voir l'ouvrage de M. de la Morinerie).

La dame v^e du s^r DEBEAUMONT	10	10
Domestiques	2	2

    Serait-ce Victoire de Gabaret, nièce du lieutenant-général des armées navales, seconde femme de Joseph-Henry de Beaumont, seigneur d'Eschillais, capitaine de vaisseau, chevalier de Saint-Louis ?

Le s^r DEMURSAY, seigneur de Mauzé	100	100
Domestiques.	6	6

Des Valois, sgrs de Villette et de Mursay, alliés aux d'Aubigné, et qui portaient : *d'azur, au chevron d'or, accompagné de 3 croissants d'argent, au chef du second, chargé de 3 roses de gueules* ? — A cette famille appartenait Philippe de Valois, marquis de Villette, lieutenant-général des armées navales et du gouvernement du Poitou, cousin germain de Madame de Maintenon, et père d'Henri-Benjamin de Valois, marquis de Mursay, colonel des dragons de la Reine, tué à Steinkerque (1692).

Ce dernier avait épousé Magdeleine-Geneviève de Beaumont, fille de Henri de Beaumont, maréchal de camp, sgr de Gibaud, d'Usseau, etc., et de Marie de Salignac de la Mothe-Fénelon.

La d^{lle} DEBOMIEUIL	3	3
Domestiques	1	1

Bonneuil ?

Les d^{lles} DE L'HERBAUDIÈRE	3	3
Domestiques	1	1

Doivent être sœurs de Louis-Henri-Alexandre Green de Saint-Marsault, sgr de L'Herbaudière, mentionné plus haut. Elles paraissent avoir été six : 1° *Marie-Anne* vivant en 1767 ; 2° *Marie-Céleste*, id. ; 3° *Louise*, id. ; 4° *Charlotte-Dorothée*, id. ; 5° *Henriette-Charlotte*, mariée à Charles-Adrien de Buzelay, morte en 1803 ; 6° *Madelène*, morte en 1799.

Le s^r DEMERIC, à l'Houmeau.	10	10
Domestiques	1	1

De la famille Méric de Bellefon, représentée à La Rochelle en 1789. — On trouve N. Méric, contrôleur-général des finances au bureau de cette ville en 1698.

Le s^r DE LA LIMANDIÈRE, l'aîné	10	10
Domestiques	1	1
Le s^r DE LA LIMANDIÈRE, le jeune	5	5
Domestiques	1	1
La dame v^e du s^r marquis de NARDAILLAC, à Ferrière	50	50
Domestiques	4	4

 Marie-Anne-Françoise-Félicité Le Mastin, dame de la baronnie de Nuaillé, mariée (1741) à François du Pouget, marquis de Nadaillac, baron de Saint-Symphorien, etc., mort en 1748, suivant M. de la Morinerie, et dès 1741, suivant M. Beauchet-Filleau. Elle était fille de Charles-Germain Le Mastin, comte de Nuaillé, sgr de Courson-Ferrières, brigadier des armées du roi, colonel d'un régiment d'infanterie de son nom, et d'Aimée-Louise de La Rochefoucauld-Surgères. — Pour la descendance, voir l'ouvrage de M. de la Morinerie.

La dame v^e du s^r DE VOULTRON, lieuten^t de vaisseau	6	6
Domestiques	1	1

 Nicolas de Voutron, famille représentée à La Rochelle en 1789.

La dame v^e du s^r LEMOINE, secrétaire du roy	60	60
Domestiques	4	4
Les enfants du s^r LEMOINE, secrétaire du roy	60	60
Domestiques	2	2
Le s^r DEMONBRUN, à Vérines	10	10
Domestiques	2	2
La d^{lle} DE LAVAUX-MARTIN, aux Urselines	3	3

De la famille Durand de La Vaux-Martin qui a fourni plusieurs maires à la ville de La Rochelle. Elle était peut-être fille de Louis-René Durand, s^r de Lavaux-Martin, maire en 1728, et sœur de Louis Durand de Lavaux-Martin, maire en 1751 ?

La dame v^e du s^r DE VENTIS (ou SENTIS?) aux Urselines.	3	3
Les d^{lles} DEGABARET, aux filles de Ste-Claire.	10	10
Domestiques	1	1

Seraient-elles filles de Gabriel de Gabaret de Saint-Sorlin, et de Suzanne Harouard ? ou de Jules, marquis de Gabaret, sgr des châteaux d'Angoulins et de Jousseran, maréchal-de-camp, et de Marie-Jeanne des Bordes, qui assistent (1744) au mariage, à La Rochelle, de François-Henri Maynard du Pont de La Pierre ? On trouve aussi Marie-Anne-Bruno d'Hastrel, née en 1688, morte en 1729, mariée à Jules, marquis de Gabaret, sgr d'Angoulins, maréchal-de-camp. Ce dernier se sera peut-être marié deux fois, à moins qu'il ne soit le père du précédent. Gabaret : *d'azur, à l'étoile d'argent, accompagnée en chef d'une gerbe d'or, et en pointe d'un croissant de même.*

Le s^r DUCLUZEAU, seigneur Delandray.	30	30
Domestiques	2	2

Evidemment de la famille Gaudin du Cluzeau et de Landray; par où l'on voit, malgré les doutes de M. de la Morinerie, que les Gaudin du Cluzeau et de Ternant, sont les mêmes que ceux de Monlieu-Landray.

Le s^r DUPONT DE LA PIERRE.	20	20
Domestiques.	2	2

François-Henri de Maynard, chev., sgr du Pont de

La Pierre, capitaine au régiment royal infanterie, fils de Jacques Maynard, chev., sgr de Sainte-Flayve, et de Marguerite-Bénigne de Saudouin, dame du Pont de La Pierre. Il était né à Luçon et avait épousé à La Rochelle (1444) Marie Broussard, fille de Daniel Broussard, et de Marie de Béraudy.

Le s^r DE SOCIANDO	20	20
Domestiques	2	2
Le s^r DELACOUDRAYE.	30	30
Domestiques.	2	2

Est-ce Jean-Baptiste-Jacques-Daniel de Loynes, marquis de La Coudraye de Luçon, gouverneur des ville et château de Fontenay-le-Comte, marié à Henriette-Rose Barraud, dame de la Rivière en Nalliers ? Il en eut : 1° Denis-Louis-Jacques-Nicolas de Loynes, marquis de la Coudraye, capitaine de cavalerie, écuyer de Madame, gouverneur de Fontenay-le-Comte, marié (1770) à La Rochelle, avec Marie-Charlotte-Joséphine Carré, dite Mlle de La Serrie, fille de Jean-Antoine Carré, sgr-baron de Sainte-Gemme, et de Marie-Anne Petit du Petit-Val, dont postérité actuellement représentée par Gaspard de Loynes, marquis de La Coudraye, célibataire, habitant les Sables d'Olonne ; 2° Charles-Henri-Ferdinand de Loynes, abbé de La Coudraye, clerc du diocèse de Luçon, bachelier en Sorbonne ; 3° Louis-Auguste-Aimé de Loynes de Boisbaudron, chevalier de La Coudraye, député de la noblesse du Bas-Poitou aux Etats-Généraux de 1789, mort en Russie.

Le s^r DE THORAINVILLE.	10	10
Domestiques.	1	1
La d^{lle} REGNIER, l'aînée	3	3

Fille ou sœur de Joseph-Honoré Régnier, cons^r au présidial en 1740 ?

Le s^r VALLIET, commissaire provincial des guerres, employé dans la généralité de La Rochelle, attendu qu'on lui retient la capitation sur ses appointements............ Néant.
Domestiques 1 1

> Ce nom est évidemment mal écrit pour Viallet, dont un maire de La Rochelle, Guillaume Viallet (1700, 1711, 1716).

Le s^r DE CASTELPÈRE, le jeune 15 15
Domestiques 1 1

> Probablement des Brunet de Castelpers de Panat, qui portent : *D'or, au lévrier rampant de gueules, à la bordure componée d'argent et de sable de 16 compons*. Une famille Genibrouse prit aussi le nom de Castelpers dès le xviiie siècle, et compte encore des représentants dans le Gers.

La d^lle DE JONQUIERS............ 10 10
Domestiques 2 1

Le s^r DEVOULTRON 30 30
Domestiques 2 2

> Est-ce Henri-Hubert Nicolas de Voutron, depuis chef d'escadre des armées navales, né (1714), décédé (1780) et marié (1730) à Marie-Françoise Astier?

La dame DE MONT-ROUAN........... 20 20
Domestiques 2 2

Le s^r COTTIBY 3 3
Domestiques 1 1

> Sans doute de la même famille que Samuel et Rivet-Joseph Cottiby, avocat du roi au présidial de La Rochelle en 1662 et 1688.

Le sr DE JUNQUIÈRE	10	15
Domestiques.	2	2
Le sr DE LA BRESSIÈRE, major.	3	3
Domestiques.	1	1

Somme totale du présent état, treize cent soixante-quinze livres. . . . .   1375[l]

Quatre sols pour livre, deux cent soixante-quinze livres. . . . .   275[l]

Fait et arrêté par nous, intendant susdit, à La Rochelle, le vingt décembre mil sept cent quarante-neuf.

Signé : DE BLAIR DE BOISEMONT.

ÉLECTION DE LA ROCHELLE

CAPITATION DE 1750

PRIVILÉGIÉS

Rolle de répartition, etc.

OFFICIERS DU PRÉSIDIAL

	1749	1750
Le s^r baron DE CHATEILLAILLON, sénéchal.	1001.	1001.
Domestiques	4	4

François-Louis Green de Saint-Marsault, baron, puis marquis de Châtelaillon, chevalier de Saint-Louis, ancien capitaine au régiment de Royal-Pologne-cavalerie, sgr des Viviers, La Salle-d'Aytré, Bourlande, conseiller du roi en ses conseils, grand sénéchal de La Rochelle et du pays d'Aunis en 1745, marié (28 mars 1737) à Marie-Geneviève de Culant.

Le s^r DURAND DE LAVAUX-MARTIN, président.	70	70
Domestiques.	3	3

Louis Durand, chevalier, sgr de Lavaux-Martin, Vendôme et autres lieux, marié à Barbe Veyssière, dont Marie-Madeleine-Louise-Barbe Durand de La Vaux-Martin, mariée (1774) à Honoré de Maussabré qui comparaît à l'assemblée électorale de La Rochelle (1789). Il était fils de Louis-René Durand, chevalier de Saint-Louis, sgr de Lavaux-Martin, président au siége présidial dès 1721, maire de La Rochelle (1728-1729), et de Marie-Madeleine Gallois, et petit-fils de Louis Durand, sr de Lavaux-Martin, président au même siége en 1663.

Le sr BÉRAUDIN, lieutenant-général	70	70
Domestiques.	3	3

Gabriel Béraudin, écuyer, sr de Passy-Rompsay, lieutenant-général dès 1716 et maire de La Rochelle en 1718. Une famille Béraudin, du diocèse de Poitiers, fut maintenue à l'intendance (1670), en la personne de Joseph Béraudin, sr de Vérines, qui portait : *D'azur, à 3 fasces d'or, et à 3 besants du même en chef.*

Le sr GRIFFON, lieutenant-criminel	70	70
Domestiques	3	3

Etienne-François Griffon, sr des Mothais et de Romagné, lieutenant-criminel dès 1716, d'après Arcère.

Le sr CADORET DE BEAUPREAU, lieutenant-particulier	60	60
Domestiques.	2	2

Jean-François-Ignace Cadoret de Beaupreau, reçu dans cette charge en 1745. Il est aussi qualifié écuyer, sgr des Grandes-Laisses, La Moulinette et autres lieux, conseiller du roi, président-trésorier de France au bureau des finances et chambre du domaine de la généralité de La Rochelle, et avait épousé Marie-Anne Girard de

Bellevue, dont il eut : 1° *Marie-Madeleine-Jacqueline-Ignace*, mariée (1774) à Jacques-Louis-Henri de Liniers, chevalier, sgr de Cran-Chaban, capitaine au régiment royal-vaisseaux ; 2° Alexandre-Jean-Baptiste-Marie-Théodore Cadoret de Beaupreau (l'électeur de 1789). Sa descendance directe était naguère représentée par Marie-Alexandre-Alphonse-François Cadoret de Beaupreau, né à Poitiers, le 20 février 1862, du mariage de *Marie-Michel-Benoit-Auguste*, et de Marie-Anne-Alphonsine de Blom ; il vient de mourir en 1868.

Le s^r RÉGNIER DE PÉRIGNY, assesseur.	60	60
Domestiques.	2	2

Est-ce Pierre-Henri Régnier, s^r de Périgny, lieutenant-particulier, assesseur-criminel en 1733 ?

Le s^r ROUGIER DES TOURETTES, assesseur-vétérant	30	30
Domestiques	2	2

Serait-ce le même que Jacques Rougier, s^r du Marais-Guiot, lieutenant-particulier, assesseur-criminel en 1703 ?

Le s^r CADORET DE BEAUPREAU, conseiller	50	50
Domestiques	2	2

Peut-être *Ignace*, avocat du roi en 1712, et conseiller au présidial en 1719.

Le s^r MORINEAU DES MARCHAIS, conseiller	50	50
Domestiques	2	2

On trouve Laurent Morineau du Marchais, conseiller en 1709.

Le s^r DESMARINES, conseiller.	50	50
Domestiques	2	2

Michel de Marines, conseiller en 1719 ?

| Le s' ROBERT DE BEAUREPAIRE, conseiller | 50 | 50 |
| Domestiques | 2 | 2 |

    Amable-Mathieu Robert, s^r de Beaurepaire, conseiller en 1728, et sans doute le même que le membre de l'Académie de La Rochelle (1751), qualifié aussi procureur du roi à la police. — Il fut maire de La Rochelle (1745-1746).

| Le s' PRUDHOMME, conseiller | 50 | 50 |
| Domestiques | 2 | 2 |

    Philippe-Richard-Auguste Prudhomme, conseiller en 1730.

| Le s' POLLARD, conseiller | 50 | 50 |
| Domestiques | 2 | 2 |

    Jacques Pollard, conseiller en 1730.

| Le s' SEIGNETTE, conseiller | 50 | 50 |
| Domestiques | 2 | 2 |

    Pierre-Samuel Seignette, conseiller en 1730, marié à Jeanne-Marie-Anne Belin dont il eut : *Anne-Agathe* Seignette, mariée en 1771 à Cosme-Joseph de Brecey (l'électeur de 1789). Hélie Seignette, m^e apothicaire, et Jean Seignette, docteur-médecin à La Rochelle, portaient : *Parti, au 1er de gueules, au cygne d'argent sur une rivière de même ondée d'azur; au 2e d'argent, à la bande de sable accostée en chef d'une tête de loup et en pointe d'une rose de gueules.* (Arm. 1696.)

| Le s' BORDU, conseiller | 50 | 50 |
| Domestiques | 2 | 2 |

    Ce nom ne se rencontre pas dans la liste d'Arcère; il aura peut-être été mal lu pour Bordier. On trouve, en effet, Charles Bordier, conseiller honoraire en 1731.

Le sr DHILLERIN, conseiller 50   50
Domestiques 2   2

    François d'Hillerin, conseiller en 1736. Il devait être frère de Pierre-Guy de Hillerin, écuyer, docteur en médecine de la Faculté de Montpellier, médecin en survivance des hospices royaux de La Rochelle, qui se marie, âgé de 30 ans, le 16 septembre 1745 (par. de St-Barthélemy), avec Marie-Angélique Cailler des Barbalières, fille de maître Emery Cailler, écuyer, sr des Barbalières, président-trésorier de France honoraire au bureau de la généralité de La Rochelle, médecin des hôpitaux royaux, et de Marie Tixier. Ce Pierre-Guy de Hillerin était fils de Charles-Christophe de Hillerin, écuyer, sénéchal, juge ordinaire et maître-particulier des eaux et forêts du comté de Benon, et de Suzanne Marchand, et est dit natif du Bouhet? en Aunis.

Le sr DE SÉLINES, conseiller. 50   50
Domestiques 2   2

    Charles-François Bouzitat de Sélines, conseiller en 1736. Il devait être frère de Vincent Bouzitat de Sélines, écuyer, lieutenant-général de l'Amirauté de La Rochelle, marié à Jeanne-Aimée Gillois, dont vinrent 1° Marie-Alphonse Bouzitat de Sélines, écuyer, capitaine au régiment de Navarre, chev. de Saint-Louis, qui épouse, à La Rochelle, en 1761, alors âgé de 42 ans, Madeleine-Henriette-Anastasie Donat du Pujol, fille de Gabriel-Suzanne Donat, écuyer, sgr de Saint-Coux, et de Félicité-Marie-Madeleine Bonvallet; 2° Benoit Bouzitat de Sélines, chevalier de Sélines.

Le sr REIGNIER, conseiller 50   50
Domestiques 2   2

    Joseph-Honoré Régnier, conseiller en 1740.

Le sr MERCIER, conseiller.	»	50
Domestiques	»	2

Jean-Baptiste-Charles Mercier, conseiller en 1750. Peut-être le même que Charles-Jean-Baptiste Mercier du Paty, écuyer, président-trésorier des finances en 1757, marié à Louise-Elisabeth Carré de Sainte-Gemme, fille d'Antoine Carré, et d'Elisabeth Guillot, dont il eut : Charles-Marguerite-Jean-Baptiste Mercier du Paty, auteur des *Lettres sur l'Italie*. Sa postérité est encore représentée, notamment par Mr Antoine-Amédée Mercier du Paty, colonel de cavalerie.

Le sr VIETTE DE LA RIVAGERIE, conseiller.	50	50
Domestiques	2	2

Etienne-Auguste Viette, éc., sr de La Rivagerie, conseiller en 1744, marié (1748) à Marie-Geneviève Valin (V. Suprà.)

Le sr ROUGIER DES TOURETTES, procureur du roy	60	60
Domestiques.	2	2

Alexandre Rougier, sr du Marais-Guyot, procureur du roi en 1741, pouvait être fils de Jacques Rougier des Tourettes, aussi procureur du roi en 1680, et avoir adopté plus tard le surnom des Tourettes?

Le sr GRAVIER, premier avocat du roy	40	40
Domestiques.	2	2

Probablement R. A. Gravier, avocat du roi en 1722.

Le sr VINET, greffier	30	30
Commis et domestiques	4	4

La ve du sr FONTAINE, ancien lieutenant-particulier.	10	10

Gaëtan-François Fontaine, lieutenant-particulier, assesseur civil en 1720.

La v⁰ du sʳ BOUCHEREAU, procureur du roy.	10	10

Jean-Didier Bouchereau, procureur du roi en 1718.

Le sʳ MACAUD, second avocat du roy	40	40
Domestiques	2	2

J. Christophe Mascaud, avocat du roi en 1745.

La v⁰ du sʳ HABERT, consʳ au présidial	25	25
Domestiques	2	2

On trouve Pierre Habert, sʳ de Chevillon, conseiller en 1691.

Les enfants de feu le sʳ DE BELLEVEUE, consʳ au présidial.	20	20
Domestiques.	2	2

La fille de feu le sʳ DE BELLEVEUE, consʳ au présidial.	1	1
Domestique.	1	1

Pierre Girard de Bellevue, conseiller en 1692.

La v⁰ du sʳ GRIFFON, consʳ.	25	25
Domestique.	2	2

Peut-être Pierre Griffon, consʳ en 1698.

La v⁰ du sʳ MARTIN DE CHASSIRON, consʳ.	30	30
Domestiques	2	2

Sans doute Pierre-Mathieu Martin, sʳ de Chassiron, conseiller honoraire en 1726, qui aura été père d'autre Pierre-Mathieu Martin, écuyer, sgr de la baronnie de Chassiron, qualifié président trésorier de France honoraire en 1758, marié à Catherine-Charlotte Cousin, fille de Simon-Charles

Cousin, écuyer, sgr du Lientel, président des trésoriers de France de la généralité de Paris, et sœur de Charlotte-Marie Cousin, femme de François-Charles Carré de Candé, président des trésoriers de France à La Rochelle. Pierre-Charles-Mathieu Martin de Chassiron, écuyer, président trésorier de France, fils du précédent, fut créé baron avec constitution de majorat, en 1840, puis pourvu de lettres de noblesse en 1826, étant alors conseiller à la cour des comptes. — Famille représentée par M. le baron de Chassiron, membre du sénat, et par son fils, M. Charles de Chassiron, marié sans enfans.

Le s^r BOUTET, garde-scel en la chancellerie du Palais à La Rochelle..	60	60
Domestiques	3	3

OFFICIERS VÉTÉRANDS DU BUREAU DES FINANCES.

Le s^r RICHARD DES HERBIERS	90	90
Domestiques.	2	2

Paraît avoir été institué en 1723, et doit être le même que Richard, trésorier de France et membre de l'Académie de La Rochelle en 1753.

Le s^r DEPONT	90	90
Domestiques.	2	2

Paul-Charles de Pont des Granges, trésorier de France en 1744, fils de Paul-François de Pont des Granges, écuyer, aussi trésorier de France en 1721, et de Suzanne-Henriette de Bernon. (V. pour sa descendance, *la noblesse de Saintonge et d'Aunis en 1789.*) Il était petit-fils de Paul de Pont, sgr des Granges, qui acheta, en 1726, la terre d'Aigrefeuille, de Louis-François Fumée du Buisson, écuyer, sgr de La Brunolière, et qui de son mariage avec Sara Bernon, eut deux enfants : 1° *Paul-François*, précité ; 2° Marie-Anne-Sara de Pont, veuve, en 1746, de Charles-Bernard-Xavier Sauvestre, chevalier, sgr comte de Clisson, grand-sénéchal d'Aunis.

La v⁰ du sʳ FAGET, controlleur des domaines.	40	40
Domestiques	2	2

Faget, controleur des finances et domaines en 1715.

Les sʳˢ DE BONNEMORT	50	50
Domestiques	2	2

Mariocheau de Bonnemort : l'un, Valentin, chevalier, président-trésorier de France et maire de La Rochelle dès 1730, et l'autre, avocat du roi au bureau des finances en 1719 ? — Famille encore représentée à La Rochelle.

Le sʳ PACOT, le jeune	»	90
Domestique.	»	2

Pacaud, le jeune, trésorier de France en 1727, probablement le même que Joseph Pascaud, marié à Victoire Verrier, et qualifié écuyer, président-trésorier de France en 1747, à l'acte de mariage de sa sœur, Anne-Marie Pascaud, avec Jean-Charles Pascaud, chevalier, marquis de Poléon, capitaine d'infanterie au régiment de Laval, fils de Jean Pascaud, chevalier, marquis de Poléon, Cran-Chaban, Villars, etc., et de Françoise Potard (Polart?) — Cette Anne-Marie Pascaud est dite native de la paroisse de Saint-Germain-l'Auxerrois, et fille d'Antoine Pascaud, négociant, et de Marguerite Bouat ; par où l'on voit qu'il y avait alors, à La Rochelle, deux familles du nom de Pascaud ou Pacaud entièrement distinctes. — Joseph Pascaud, le jeune, était président-trésorier de France et maire de La Rochelle, en 1747-1750.

OFFICIERS DE L'ÉLECTION.

Le s^r BIGOTTEAU, président et subdélégué	60	60
Domestiques	2	2

 Jacques Bigotteau, président de l'Election et maire de La Rochelle dès 1720 ; il était petit-fils de Guillaume Bigotteau, s^r du Plomb, président de ladite Election en 1630.

Le s^r ROUGÉ, lieutenant	50	50
Domestiques	2	2
Le s^r MERCIER, élu	30	30
Domestiques	1	1
Le s^r DE COURCELLES, procureur du roy	50	50
Domestiques	2	2
Le s^r DEAU, greffier	10	10
Domestiques	1	1
La ve et enfans du s^r LOUVEAU, élu	10	10
Domestiques	1	1
La ve du s^r CORNEAU, procureur du roy	25	25
Domestiques	1	1
La ve du s^r GIRAUD, procureur du roy	20	20
Domestiques	1	1

RECEVEURS DES TAILLES.

Le s^r DELATTRE	100	100
Domestiques	2	2

 Devait être de la même famille que Balda de Lastre, sgr d'Aigrefeuille, issu de l'échevinage de La Rochelle, et maintenu par Barentin. Il portait : *D'azur, au chevron d'or, à un soleil de même en* chef, accompagné de deux étoiles et d'un croissant d'argent en pointe.

Le s^r DOMINIQUE DE LAFOSSE.	100	100
Domestiques	2	2
La ve du s^r DELATTRE, receveur des tailles	10	10
Domestique	1	1
La ve du s^r LEJUGE, receveur des tailles	10	10
Domestiques	1	1

OFFICIERS DE L'AMIRAUTÉ.

Le s^r BÉRAUDIN, lieutenant	60	60
Domestiques	2	2

Il était évidemment proche parent, s'il n'était même fils, de *Gabriel* Béraudin, lieutenant-général, précité. Ce dernier était fils d'autre Gabriel Béraudin, écuyer, sgr de Granzay, Passy-Rompsay, aussi lieutenant-général au présidial de La Rochelle, mort avant 1696, et de Suzanne Husson (mariée en 1675), fille d'Etienne Husson, avocat en parlement, s^r de Bussay, et d'Elisabeth Taillondeau ; et petit-fils de Jean Béraudin, s^r de Beaurepaire, marié à Marguerite Brunet, anobli pour ses services et sa fidélité pendant la Fronde, par lettres données à Poitiers en 1651, et enregistrées au parlement de Paris en 1655. *Gabriel* avait pour sœurs : Marie-Suzanne Béraudin, mariée à Charles Vernou de Bonneuil, ch^r, sgr de Melzéart (en 1703) ; et Paule Béraudin, alors fille.

Le s^r GRIFFON, conseiller.	20	20
Domestiques	1	1

Pierre-Jean-Baptiste Griffon, maire de La Rochelle en 1753-1754.

| Le sr VASLIN, procureur du roy. | 20 | 20 |
| Domestiques | 1 | 1 |

    René-Josué Valin, le jurisconsulte, membre et secrétaire de l'Académie de La Rochelle en 1732, décédé en 1765. Il avait épousé Anne-Marie-Françoise Pichard.

| Le sr RÉGNAUD, greffier | 20 | 20 |
| Domestique | 1 | 1 |

OFFICIERS DES TRAITTES.

| Le sr FOUCAUD, juge | 60 | 60 |
| Domestiques | 2 | 2 |

| Le sr GASTUMEAU, procureur du roy | 40 | 40 |
| Domestique | 2 | 2 |

    De l'Académie de La Rochelle en 1732, il en fut nommé secrétaire perpétuel. (V. sur J. B. Gastumeau, *Biographie Saintongeaise*).

| Le sr GUILLEMOT, greffier | 10 | 10 |
| Domestique | 1 | 1 |

OFFICIERS DE LA MONNAYE.

| Le sr DE VÉRIGNY, directeur | 60 | 60 |
| Domestique | 3 | 3 |

    Robert de Vérigny?

| Le sr BLAVOULT, juge-garde | 100 | 100 |
| Domestique | 2 | 2 |

    Pouvait appartenir à la famille Blacvod ou Blackwood, originaire d'Écosse et établie à Poitiers vers 1550. Elle portait : *d'azur, à une fasce d'or accompagnée en chef d'une losange d'argent à dextre, d'une étoile d'or à sénestre, et en pointe d'un croissant d'argent; écartelé de gueules, à une tête de cerf d'argent, coupée et posée en profil. (Aliàs, la tête de cerf sommée de 9 cors d'or).* — Famille éteinte.

Le s^r LAMARQUE, juge-garde de la Monnaye.	60	60
Domestiques.	2	2

Le s^r GILBERT, controlleur.	30	30
Domestique.	2	2

Le s^r BOURGINE, juge-garde vétérant.	30	30
Domestiques.	2	2

PRIVILÉGIÉS.

Le s^r VIVIER, l'aîné, gentilhomme de la Fauconnerie de France.	50	50
Domestique.	3	3

Paul Vivier, écuyer, sgr de Vaugouin, gentilhomme de la Grande-Fauconnerie de France, reçu le 10 août 1740, né le 16 août 1714, marié à Marie-Anne Rocante.

Le s^r VIVIER, le jeune, gentilhomme de La Fauconnerie de France.	50	50
Domestique.	3	3

Élie Vivier (frère du précédent), gentilhomme de la Grande-Fauconnerie, et depuis directeur de la chambre de commerce de La Rochelle. — Armes : *d'argent, au vivier d'azur, bordé d'une maçonnerie de sable, chargé d'un cygne d'argent et surmonté de 3 roses d'or en fasce.* — Famille encore représentée à La Rochelle, par M. Théodore Vivier, chef d'escadrons d'artillerie, officier de la Légion-d'honneur, petit neveu de *Paul*, précité. Il a un fils, Alfred Vivier, substitut près le tribunal de Saint-Jean-d'Angély en 1863.

Le s^r MULLERS, officier de la Vennerie. . . .	60	60
Domestiques.	1	1

Le s^r COQUILLE, trésorier - principal des Trousses.	3	3
Domestiques.	1	1

Antoine Coquille, écuyer, trésorier provincial de l'extraordinaire des guerres, natif de Hombourg (duché des Deux-Ponts), fils de Nicolas Coquille, aussi trésorier de l'extraordinaire des guerres en Alsace, et de Claude Greneteau. Il était âgé de 46 ans lors de son mariage (1744) avec Catherine-Victoire Thomas de Chaumont, fille de Louis Thomas de Chaumont, et de Marie-Anne Chauvet, et sœur de Marie-Bénédictine Thomas de Chaumont, épouse de Louis-Charles-Christophe Vernou de Bonneuil. — De ce mariage, provenait Marie-Antoinette-Élisabeth Coquille, mariée (1764) à Nicolas de Maubeuge, sgr de Laneuville et d'Orbigny, au diocèse de Reims, capitaine aide-major au régiment Royal-Comtois, chevalier de Saint-Louis, fils de Pierre de Maubeuge, écuyer, sgr desdits lieux, et d'Antoinette Germain d'Aunoy.

Le s^r DEHILLERIN, ayant la survivance de la place de médecin de l'hospital militaire. . . .	6	6
Domestiques.	1	1

Voir plus haut l'article de François de Hillerin, conseiller au Présidial.

Le s^r HENRY BONNEAU, M^e fauconnier du vol de la chambre du roy.	80	80
Domestiques.	3	3

Le s^r BAUDRY, directeur de la poste.	10	10
Domestiques.	1	1
Le s^r VINEAU, commis au bureau de la poste.	3	3
Le s^r LAMARRE, autre commis au bureau de la poste.	3	3
Le s^r AVRIL, commis à la recette générale des finances.	20	20
Domestiques.	1	1
Le s^r VINCENT BUREAU, autre commis à la recette générale des finances.	20	20
Domestiques.	2	2
Le s^r BONVALET, attendu qu'on lui retient la capitation, comme trésorier de la marine.	»	»
Domestiques.	2	2
Le s^r ROY, trésorier de la Maréchaussée.	3	3
Le s^r PRÉHOU, receveur des octrois de la ville.	5	5
Domestique.	1	1

OFFICIERS DU SIÉGE ROYAL DE ROCHEFORT.

Le s^r MASSIAS DES FOSSES, président-lieutenant-général.	60	60
Domestiques.	3	3
Le s^r COINDREAU, lieutenant criminel.	30	30
Domesitques.	2	2
Le s^r MESRAUD DES FONTAINES, conseiller.	20	20
Domestiques.	1	1

Le sʳ GASCHER, procureur et avocat du roy par commission.... 30 30
Domestiques............ » 2

Le sʳ CLERGEAU, receveur des consignations. 40 40
Domestiques............ 2 2

Le sʳ HÈBRE, commissaire aux saisies réelles.. 40 40
Domestiques............ 2 2

Hèbre de Saint-Clément, famille éteinte, a donné plusieurs maires à la ville de Rochefort.

Le sʳ TAYEAU, greffier......... 15 15
Domestiques............ 2 2

OFFICIERS DES EAUX ET FORÊTS.

Le sʳ FICHON, maître particulier....... 20 20
Domestiques............ 1 1

Le sʳ COUDROY, lieutenant de la maîtrise... 20 20
Domestiques............ 1 1

Le sʳ RONDEAU, procureur du roy..... 20 20
Domestiques............ 1 1

Serait-ce Philippe Rondeau des Daviotières, président-lieutenant-général au siége de Rochefort, et maire de cette ville en 1755, marié à Marie-Aimée Laché ? Il en eut : Philippe-Joachim-Ferdinand Rondeau, conseiller du roi, lieutenant-général, commissaire-enquêteur-examinateur au bailliage de Rochefort et des salines d'Aunis et Saintonge, veuf de Catherine-Charlotte Babaut de L'Épine, lorsqu'il épousa (9 juin 1777) à Saintes, Marie-Claire-Jeanne-Françoise-Arnaud-Guillaume Gallocheau, fille de *Pierre*, conseiller du roi, doyen de l'Election en chef et lieutenant de maire de ladite ville de Saintes. La famille Rondeau est représentée à Poitiers, par M. Philippe Rondeau, conseiller honoraire en la Cour, et par son fils, appelé aussi *Philippe*, conseiller à la même cour, marié (1867) à d{lle} Briel, dont un fils, *Philippe*, né en 1868. — Armes : Pierre Rondeau, de Rochefort, portait : *d'azur, à la roue d'argent, à la bordure dentelée de même.* (Arm{l} de 1696.)

Le sr MAISONNEUVE, garde-marteau.	10	10
Domestiques.	1	1
Le sr VARAGE, receveur des amendes.	10	10
Domestiques.	1	1
Le sr BAUDOUIN, greffier.	10	10
Domestiques.	1	1

OFFICIERS DU CORPS DE VILLE.

Le sr NIOU DUBREUIL, maire ancien.	50	50
Domestiques.	3	3
Le sr GOIGOU, assesseur.	30	20
Domestiques.	2	2
Le sr LA COUME, premier échevin.	»	20
Domestique.	»	2
Le sr BARBIER, second échevin ancien.	20	20
Domestique.	1	1
Le sr LOZEAU, troisième échevin ancien.	20	20
Domestiques.	1	1
Le sr TARAIN, procureur du roy.	20	20
Domestiques.	1	1

Le s^r DEVAUX, commissaire de police. . . .	5	5
Le s^r DOUILHET, commissaire de police. . . .	5	5
Le s^r BELLIGON, greffier de police et de l'hôtel-de-ville.	20	10
Commis et domestiques.	2	2
Somme totale du présent rôle, trois mille sept cent quatre-vingt-neuf livres..	3,789^l	»
Quatre sols pour livre, sept cent cinquante-sept livres, seize sols.	757^l	16^s
	4,546^l	16^s

Fait et arrêté par nous intendant susd., à La Rochelle, le vingt décembre mil sept cent quarante-neuf.

Signé : DE BLAIR DE BOISEMONT.

VIII.

ELECTION DE SAINT-JEAN-D'ANGELY

CAPITATION DE 1750

NOBLESSE

Rolle de répartition fait par nous, Louis-Guillaume de Blair, chev[r], seigneur de Boisemont, Courte-Manche et autres lieux, conseiller du Roy en ses Conseils, m[e] des Requêtes ordinaire de son hôtel, intendant de justice, police et finances en la généralité de La Rochelle, de la capitation des nobles de l'Election de Saint-Jean-d'Angély pour l'année 1750, ainsi que suit:

LA VILLE DE SAINT-JEAN-D'ANGÉLY.

Le s[r] DE ROIFFÉ, père. . . . . 25 l.
Domestique. 1

Jacques-Charles-François de la Perrière, écuyer, sgr de Vaux en Nivernois, et de Roiffé et de Petit-Bois en Aunis, né en 1698, auteur d'un traité de physique céleste et terrestre (Paris, 1766, 3 vol. in-12), marié (1717) à Marguerite-Elisabeth de Castello, morte en 1753, fille de Gaspard de Castello, chevalier, sgr des Tannières et de Leffort, capitaine au régiment de Navarre, et d'Elisabeth Gadouin, était fils de Jean-Baptiste de la Perrière, écuyer, sgr de Vaux et de Lancy, capitaine aide-major au régiment de Duras-cavalerie, et de Suzanne de Ferrière, dame de Roiffé. De lui descendent MM. de la Perrière de Roiffé, des Tannières et de Tesson, encore représentés.

Le s^r DELAPORTE	10
Domestique.	1

La d^{lle} MAICHIN DE TRÉZANCE	6
Domestique.	1

    Trézance, sur le cours d'eau de ce nom, en la commune de Saint-Loup, canton de Tonnay-Boutonne. — Peut-être Henriette-Sylvie Maichin, dame de Bessé et de la Prade, morte fille en 1758. Elle était fille d'Armand Maichin, et d'Anne Fè-Lesmerie, dame de Bessé et de la Prade, et petite-fille de Benjamin Maichin, sgr de Trézance, frère de l'historien Armand Maichin, lesquels Benjamin et Armand Maichin, frères, avaient épousé les deux sœurs : Louise Legendre (1644), et Anne Legendre (1639). — La postérité d'*Armand* doit être encore représentée en Poitou par un Mr de Maichin, marié à d^{lle} de Gadebois (d'Angoulême). Il descendrait de Louis Maichin, sgr de Fieffranc, et de Jeanne-Marie de Cumont de Vinax, lequel *Louis* était le second fils d'*Armand* et d'Anne Legendre, et fut père de *François-Armand* (ou *Hermant*) Maichin qui s'établit à Tillou en Poitou.

La d^{lle} MAICHIN DES PLACES.	3

    Probablement Marguerite Maichin, dite Mlle des Places, décédée célibataire. Elle était fille de Claude-Auguste Maichin, s^r des Places (3e fils de l'historien *Armand*), et de Marie Macé de La Chesne, mariée en 1676.

La dame DEMOULINS	10
Domestique.	1

    Faut-il lire des Moulins, au lieu de Moulins ? On trouve Jean Boiceau, qualifié sgr des Moulins et de La Vergne, en 1668, marié à Clorinde Pallet.

La veuve du s^r D'ÉCHILLAY 6
Domestique. 1

Ce doit être Victoire de Gabarret, nièce du lieutenant-général des armées navales, qui était veuve dès 1733, de Joseph-Henri de Beaumont, sgr d'Eschillais, capitaine des vaisseaux du roi, chevalier de Saint-Louis, dont vint : Charles de Beaumont, comte d'Eschillais, sgr de La Brissetière et de Montmalan, enseigne de vaisseau en 1749, marié avec Anne Gentil de Brassaud qui lui donna deux filles : 1° Anne-Pétronille de Beaumont d'Eschilais, mariée (1769) à François-Armand de Mânes, chevalier, vicomte-seigneur de Montmalan ; 2° Geneviève-Victoire-Elisabeth de Beaumont, qualifiée marquise d'Echillais, mariée (1773) à François-Dominique Aymer, chevalier, sgr de Marsilly, capitaine au régiment de Piémont-inf^{ie}, chevalier de Saint-Louis, dont : Louise-Eustelle Aymer, mariée à Jean-Pierre Legardeur de Tilly, enseigne de vaisseau, ch^r de Saint-Louis, à qui elle porta la terre de La Brissetière en Echillais, possédée aujourd'hui par Mr Théodule Le Gardeur de Tilly, leur fils. — Echillais, commune du canton de Saint-Agnant, arrondissement de Marennes.

La d^{lle} DE TRÉZANCE DE BESSÉ 3

Elle était aussi de la famille Maichin. — Trézance appartenait vers 1800 à un Mr Meaume, qui le vendit alors au sieur Lallemand, de Tonnay-Boutonne, dont les descendants se sont partagé cette habitation et les terres qui en dépendaient. — Par acte du 21 mai 1750 (reçu Robinet, notaire à Saint-Jean-d'Angély), la terre de Trézance est attribuée en partage à Suzanne Maichin, seconde fille de Benjamin Maichin, sgr dudit Trézance et de Bernéré, et de Suzanne Delestang. Elle était mariée à Jean Meaume, sgr de Ribemont et de Mornai, trésorier de France à La Rochelle. — Bessé, arrière-fief mouvant de l'abbaye de Saint-Jean-d'Angély, dont la maison noble était située dans la ville *(intra muros)* près la porte dite de Niort. On l'appelait communément le *Grand Logis*. Cette maison est aujourd'hui incorporée au couvent des

Dames Bénédictines, et la plus grande partie des terres dépend du domaine de Pellouaille, appartenant à MM. Joly d'Aussy.

Le sr DEVERVANT 10
Domestique 1

Jacques-Alphée Goulard de Vervant, ancien capitaine de cavalerie, excusé pour son grand âge de comparaître au ban de 1758. (Voir plus loin à l'article St-Hilaire).

Les quatre enfants du feu sr DELAFERRIÈRE 10

Devaient avoir eu pour aïeul Pierre du Chastenet, sgr de La Ferrière (par. de Migré), marié, avant 1694, à Bénigne de Collincourt, vivante en 1740, et sœur de Marie de Collincourt, femme de son frère, Charles du Chastenet, sgr de La Sigogne (par. de St-Etienne). Nous ne connaissons à ce Pierre du Chastenet que deux enfants : 1° Marie-Anne du Chastenet, mariée à Hélie Rochier de la Rue-Franche; 2° Pierre du Chastenet, 2e du nom, sgr de La Ferrière, y demeurant, mort avant 1756, et marié à Charlotte Gourdry, dont six enfants : 1° Jean du Chastenet, écuyer, sgr de La Ferrière, qui eut au moins une fille (Hélène du Chastenet), et qui est probablement celui qui comparaît au ban de 1758 ; 2° autre *Jean*, écuyer-chevalier, lieutenant d'infanterie, marié (1764) à Marie de Bouvot, morte en 1767. Il demeurait à Bignai, et est décédé en 1771, n'ayant eu qu'une fille, morte en 1770 ; 3° Charles du Chastenet, écuyer-chevalier, sgr de La Ferrière et de Rennebourg, marié (15 sept. 1765) à Suzanne-Adélaïde-Fortunée Lenne-Duvergé, fille de Louis Lenne-Duvergé, médecin pour le roi en la ville de Saint-Jean-d'Angély, demeurant *toutes parties* en la paroisse de Saint-Denis-du-Pin, lequel *Charles* fut père de Jean-Charles du Chastenet, marié à Rosalie de la Vernède ; 4° Marie du Chastenet, veuve, en 1765, de Pierre de Conty de la Simalière, demeurait à La Ferrière ; 5° autre Marie du Chastenet, religieuse ursuline au couvent de St-Jean (ci-devant hôtel du duc de Rohan) ; elle prit le voile le 3 janvier 1757; 6° autre Marie du Chastenet, femme de Gabriel Rochier, morte avant 1762. Tout porte à croire qu'il s'agit ici des 4 premiers, *Marie* étant, comme religieuse, considérée comme morte pour le monde.

Le s^r DE ROIFFÉ, fils	6
Domestique	1

Henri-Charles de La Perrière, sgr de Roiffé, etc., fils de *Jacques-Charles-François*, mentionné plus haut. (Voir *La Noblesse de Saintonge en 1789*, par M. de la Morinerie).

HAIMPS-FRAGNEAU.

La dame DUCLUZEAU.	15
Domestique.	1

Le s^r DUCLUZEAU, fils.	6
Domestique.	1

Ils étaient évidemment de la famille Gaudin du Cluseau. François Gaudin, présent au ban de 1758 et à l'assemblée électorale de 1789, doit être le même que celui dont il est ici question. — Le Cluseau et Fraigneau, situés paroisse d'Haimps.

ANNEZAY.

Le s^r D'ANEZAY.	15
Domestique.	1

Cette seigneurie appartenait, au xviie siècle, à la famille Barthoumé, et devait appartenir alors aux Beaucorps?

LA FRÉDIÈRE.

La ve du s^r DEMESCHINET	6

Marie-Angélique Estourneau, mariée à Jean de Meschinet, sgr de Bellevue et du Cochet. Elle fut la mère de François de Meschinet, l'électeur de 1789. (Voir La Morinerie).

ASMURÉ.

Le s^r CHEVALIER DELESCOURS 20
Domestique. 2

La dame DE CHANTOIZEAU. 10
Domestique. 1

Peut-être Louis-Marie de Lescours, qui comparaît au ban de 1758 avec son frère *Louis-Armand*. — Chantoitoiseau, en la commune d'Amuré (Deux-Sèvres), est passé à la famille du Chesne de Vauvert (qui le possède actuellement), par le mariage de Sophie de Lescours avec Pierre-Léopold du Chesne, en septembre 1831.

ASNIÈRES.

Le s^r DE FIEFGAILLARD. 10
Domestique. 1

Probablement Jacques-Alexandre Gaillard, sgr de Laleu (par. d'Asnières), de Fiefgaillard, etc., marié, en 1745, à Marianne du Boucheau du Château, laquelle se fait représenter comme veuve à l'assemblée électorale de 1789 (St-Jean-d'Angély). *Jacques-Alexandre* assiste au ban de 1758; il était fils de François Gaillard, sgr de Fiefgaillard et de Laleu, mousquetaire du roi, et de Marthe du Bois de Landes, mariée en 1712. — Famille éteinte.

Le s^r DE LAGIRAUD 10
Domestique. 1

On trouve Jean Devallée de Lagiraud, sur le rôle du ban de 1758. — Cette terre appartint depuis à la famille de Goulard de Laléard, et a été vendue, il y a quelques années, par M. Lodoïs de Roumefort.

La ve du s^r DESGALAY? 3

AUJAC.

La d^{lle} D'AUJAC. 3

Sans doute l'une des sœurs ou des tantes de René de

Chièvres, chevalier, sgr d'Aujac, qui comparait à l'assemblée de 1789 (St-Jean-d'Angély).

AUMAGNE.

Le s^r DE SAINT-MARTIN DES GRANGES	10
Domestique.	1
Le s^r et d^{lle} DE SAINT-MARTIN.	6
Domestique.	1

Est-ce Jacques de Saint-Martin des Granges, excusé au ban de 1758, comme n'ayant qu'un bras? — On trouve vers la même époque, Louis de Saint-Martin, chevalier, sgr des Granges, La Cabourne, etc., marié à Marie-Anne Le Coq de Boisbaudran, dont vint : Louis-Pierre de Saint-Martin de Fragne, marié à Marie de La Porte, fille de *Jacques*, éc., sgr d'Estrades, et de Marie-Julie Lériget de Château-Gaillard.

AUTON.

La d^{lle} DAUTON	6
Domestique.	1

Probablement Marie Thomas, dite Mlle d'Authon, morte fille. Son père, Pierre Thomas, qualifié, en 1728, sgr-baron d'Authon, et conseiller au présidial de Saintes, ne serait décédé que vers 1763, laissant, outre *Marie* précitée, deux filles : 1° Marie-Thérèse Thomas, mariée à Antoine-Maurice Charrier, procureur du roi honoraire au siége de Saint-Jean-d'Angély, à qui elle porta la baronnie d'Authon qui passa à leur fille, Marguerite-Thérèse Charrier, femme (1782) de Claude-Alexandre Normand, fils du receveur des tailles, sgr des Eglises d'Argenteuil; 2° Marie-Anne Thomas, mariée (1740) à Bertrand de La Laurencie, sgr de Chadurie et des Thibaudières, aïeul de M^r de La Laurencie, maire de St-Jean-d'Angély, mort à Château-Couvert, en 1860.

BALLAN.

La ve du s^r DEBALLAN.	15
Domestique.	1

La d^lle DE BALLAN 20

 Paule de Vernou de Bonneuil, fille de Charles de Vernou, chev^r, sgr de Bonneuil, Melzéard, etc., et de Marie-Suzanne Béraudin, avait épousé (1731) François-Joseph de Livène, ch^r sgr de Balan, des Brousses, etc., et en eut : 1° Louis-Joseph de Livène, mort célibataire en 1749 ; 2° Marie-Paule-Pélagie de Livène, seule héritière de sa branche, mariée (1750) à Charles de Livène, chevalier, sgr des Rivières, son parent, à qui elle porta ladite terre de Balan.

BAZAUGES.

La d^lle FRETTARD 3

 Cette ancienne maison est encore représentée par M. André-Charles-Henri de Frétart, marquis d'Escoyeux, marié (1865) à d^lle Félicie de Fradin. On trouve aussi un Mr de Frétard, propriétaire à Gondeville, canton de Ségonzac (Charente), en 1866.

BERNAY.

Le s^r DEPARANSAY 40
Domestiques. 1

 Louis-Armand, marquis de Lescours, sgr de Paransay et de Ternant, marié à Madeleine de Courbon-Blénac, fille de François de Courbon, capitaine de vaisseau, et de Madeleine de Bonnegens, dame de Saint-Mandé, fille elle-même de Joseph de Bonnegens, lieutenant-général au siége de Saint-Jean-d'Angély, et de Marie Lemaistre, fille de Michel Lemaistre, avocat du roi. Il était fils de Louis-François de Lescours, sgr-marquis de Paransay, et de Suzanne Elisabeth Green de Saint-Marsault, et frère de Louis-Marie de Lescours qui assiste avec lui au ban de 1758.

BIGNAY.

La ve du s^r BOUVOT, père. 6
Domestique. 1

 Elle devait s'appeler Magnant.

La v° du sʳ BOUVOT , fils. 3

   Julie Maichin, fille de Benjamin Maichin et de Suzanne Delestang; elle épousa (14 décembre 1742) Charles de Bouvot, sgr de Maillé, dont elle était veuve en 1748, et mourut le 29 mai 1755, après avoir établi son beau-frère, Philippe de Bouvot, curé de Grand-Jean, tuteur de ses 2 filles : 1° Marie de Bouvot, mariée (1764) à Mʳ de Chastenet de La Ferrière, et morte en 1767 ; 2° Henriette de Bouvot.

BRIE.

Le sʳ DEGADEVILLE, le jeune 20
Domestique. 1

   Des Frétart, sgrs de Gadeville (paroisse de Brie).

CHERBONNIÈRES.

Le sʳ DEGRANDFIEF 15
Domestique. 1

   Grandfief (paroisse de Cherbonnières) appartenait alors à la famille de Beauchamps. Est-ce Henri-Charles de Beauchamps, chevalier, sgr de Cherbonnières, marié (1724) à Madeleine-Dorothée de Lescours, fille de Louis-François de Lescours, sgr-marquis de Paransay, et de Suzanne-Elisabeth Green de Saint-Marsault; ou *Charles-Grégoire* (sans doute son fils), marquis de Beauchamps, sgr de Grandfief, né en 1731, député aux États-Généraux pour la sénéchaussée de Saint-Jean-d'Angély en 1789 ? — Cette ancienne maison vient de s'éteindre dernièrement par la mort de Léon-Charles de Beauchamps, marié à Eudoxie de Bonsonge, décédé à Saint-Seurin de Claire-Bize, le 18 février 1867. Il était fils de Léon-Louis, chevalier de Beauchamps, et de Jeanne Guenon de Saint-Seurin, et petit-fils de Léon de Beauchamps, sgr de Souvigné, capitaine au régiment d'Artois, chevalier de Saint-Louis, et de Marie-Agnès de Mariol, et arrière-petit-fils de René de Beauchamps, sgr de Souvigné, enseigne de vaisseau, et de Marie Renaudet.

COULONGES.

Le sr DE SAINT-HERMINE	20
Domestique.	1

Louis-Clément de Sainte-Hermine, sgr de Coulonges et de Mérignac, page de la reine, en 1725, puis capitaine au régiment de Vibraye-Dragons, marié à Elisabeth Guiton de Maulevrier, dame d'Agonnay, dont il eut *René-Louis*, marquis de Sainte-Hermine, électeur à Saint-Jean-d'Angély (1789). *Louis-Clément* était fils de Louis de Sainte-Hermine, chevalier, sgr de Mérignac, colonel du régiment de Caylus-inf^{ie}, chevalier de Saint-Louis, et de Blanchefleur-Geneviève de Guibert, dame de Coulonges. — Branche éteinte dans la Bourdonnaye-Blossac, et Leroy de Bardes.

COIVERT.

Le sr DEMAILLÉ.	20
Domestique	1

On trouve Jean de Castello, sgr de Maillé en Coivert, marié (1655) à Marguerite Pallet. Il fut probablement le père d'Henri de Castello, aussi sgr de Maillé en 1694. — Charles de Bouvot se qualifiait également sgr de Maillé, mais il était décédé dès 1748, ne laissant que deux filles.

Le sr DEVERTEUIL	5
Domestique	1

Le sr DEREVERDY	3

On trouve Louis de Reverdy, excusé par ses infirmités au ban de 1758. Il pouvait être fils d'autre Louis de Reverdy, écuyer, capitaine au régiment de Navarre, et de Marguerite de Castello; et frère de : 1° Marguerite de Reverdy, mariée à Jean de La Laurencie, sgr de Blanzay; 2° Marie-Anne de Reverdy, mariée (1722) à Sébastien Pépin, sgr de La Pimpelière et de La Crestinière, veuf de Marie Michel de Diconche.

Le s‍ʳ DEBLANZAY 6
Domestique. 1

    Ce devait être Jean de La Laurencie, marié à Marguerite de Reverdy dont il vient d'être parlé. — Les Pallet se sont aussi qualifiés sʳˢ de Blanzay. — Une partie du fief d'Antraize (en Tonnay-Boutonne) s'appelait Blanzay-Antraize.

La vᵉ du sʳ CHEVALIER DE VILLEMORIN 6
Domestique. 1

Le sʳ JOYAUD (ou COYAUD ?) DUPORTAIL. . . . 6
Domestique 1

COURCELLES.

La dame vᵉ du sʳ MAICHIN DE LAPRADE. 3

    La Prade, en la commune de Courcelles. — Françoise Baron, qui avait épousé Michel-Daniel Maichin, sʳ de La Prade, fils de Daniel Maichin, sgr de La Prade, et de Silvie Texereau, et petit-fils de *Benjamin*, sgr de Trézance, frère d'*Armand* Maichin, l'historien. Françoise Baron ne semble avoir laissé qu'une fille : Marie-Madeleine Maichin, mariée à N. Dubois de Landes à qui elle porta les terres de La Prade et de Pelouaille en Bessé, et dont elle eut une fille : Julie Dubois de Landes, mariée à César-Jean Joly d'Aussy.

Le sʳ DE SAINT-LORAND 6
Domestique. 1

    On trouve vers cette époque, Jean-Jacques Rousselet, sgr de Vivroux et de Saint-Laurent, marié à Marie-Anne-Henriette Maichin, fille aînée de Benjamin Maichin, et de Suzanne Delestang.

Le sʳ DUCHATEAU 20
Domestique. 1

    Le Château, en la paroisse de Courcelles, appartenait, en 1666, à la famille Barthoumé, du corps de ville de Saint-Jean-d'Angély.

Le sʳ DELALOEN?. 6
Domestique. 1

>Ce nom aura été mal lu ou mal écrit, peut-être pour Laleu ou Laloüe?

Le sʳ CHEVALIER DE LA COURADE 40
Domestique. 1

Le sʳ DARGENCE DE BAUPUY 6
Domestique. 1

>Du Bousquet?

GARNEAU.

Le sʳ DE L'ETANG. 3

>Il portait le surnom de sʳ de Piles, et plaidait en 1712 contre Louis Charrier, procureur du roi à Saint-Jean-d'Angély, à l'occasion des eaux des moulins de Garnaud.

COURCOMME.

Le sʳ DEPINDRAY 5

COURCERAC.

La dᵉˡˡᵉ AUBERT. 6
Domestique 1

>De la famille Aubert de Bardon de Courserac, représentée à l'assemblée électorale de Saint-Jean-d'Angély en 1789.

DEYRANXON.

Le sʳ DEROLAND. 10
Domestique. 1

>Probablement de la famille Rolland de Montmouton, issue du corps de ville de Saint-Jean-d'Angély. — Lisez Day-Rançon ou Dey-Rançon, près Mauzé (Deux-Sèvres).

Le sʳ DERANQUE 6
Domestique. 1

Il était peut-être fils d'Abraham de Ranques, écʳ, sʳ des Marais, demeurant en la ville de St-Jean-d'Angély en 1691.

ÉPANNES.

Le sʳ DE BOISSEUIL 30
Domestique. 2

De la famille Roulin de Boisseuil.

FONTCOUVERTE.

Le sʳ DELAROCHE D'AUTEMON 6
Domestique. 1

Pierre-Dominique Vigoureux, écuyer, sgr de La Roche d'Aumont (en Fontcouverte), et de Breurias (peut-être pour Brézillas?), inhumé en l'église Saint-Michel de Saintes, le 7 avril 1754, âgé de 54 ans, avait épousé Hélène Dangibaud. Il était fils de N. Vigoureux de La Roche, et de Magdeleine Le Breton de Ransanne, et fut père de Joseph-Dominique Vigoureux, sgr de La Roche d'Aumont, marié à Marie-Françoise du Breuil de Guitaud. — Famille éteinte en 1864.

GRAND-JEAN.

La vᵉ du sʳ DE BRILLAC 30
Domestique. 2

Elle devait être la mère du chevalier de Brilhac, qui vote à Saint-Jean-d'Angély en 1789.

GUISALLES.

Le sʳ DEGUISALES 6
Domestique. 1

Peut-être Salomon Chapiteau de Guissalle, présent au ban de Saintonge en 1758, et qui vote à Angoulême en 1789? — Famille représentée en Angoumois dans la branche de Rémondias.

LABENATE.

La vᵉ du sʳ GALLET.	5
Domestique.	1

    La famille Gallet de Thézac et de Fiefgallet en Saintonge, paraissant éteinte dès le xviiᵉ siècle, faut-il voir ici un membre soit d'une famille Gallais, de La Rochelle, dont était Pierre Gallais, conseiller et procureur du roi en l'élection de cette ville, marié à Elisabeth Sauvignon, et père de Suzanne Gallais, mariée (1626) à Jacques de Beaumont, sgr de La Roche d'Ussaut; soit d'une famille Gallet de La Roche et d'Isay, qui a occupé la mairie de Niort dès 1603, et qui portait : *d'or, à un coq de sable, couronné et membré de gueules?* On trouve aussi *(Armorial du Poitou)* Gallet : *de sable, à un chevron d'or accompagné de 3 besants d'argent.*

LANDES.

Le sʳ DELANDE	10
Domestique.	1

    Probablement V. Dubois, co-seigneur de Landes, par sa femme, sœur de Jean Guibert de Landes, mentionné plus bas.

La vᵉ du sʳ DECASTELLO	6
Domestique.	1

    Serait-ce Elisabeth Gadouin, fille de Thomas Gadouin, écuyer, sgr des Morinières, et de Marguerite Périchon? Elle avait épousé (1698) Gaspard de Castello, écuyer, sgr de Leffors, etc., capitaine au régiment de Navarre, qui, avec Pierre de Castello, son frère aîné, avait été maintenu à l'intendance par Pinon.

Le sʳ DELANDE-GUIBERT	6
Domestique.	1

    On trouve Jean Guibert de Landes au ban de 1758. Il ne possédait qu'une partie de la sgrie de Landes, partagée entre lui et ses 4 sœurs dont les maris se qualifiaient également sgrs de Landes. Jean Guibert avait épousé Jeanne-Julie Robert d'Oriou, fille de Jacques-Jean-Baptiste Robert, et de Marie-Marguerite de Bonnegens.

Le sr DEMÊCHINET. 6
Domestique. 1

Devait être l'un des trois fils de Jean Meschinet, sgr du Cochet en la paroisse de Landes, et de Marie-Angélique Estourneau de La Tousche d'Asnières, et probablement, l'aîné, *Jean*, mort (après 1750), lieutenant au régiment de Cambis-infanterie.

LAVERGNE.

La dame DE JOUHÉ. . . , ... 15
Domestiques. 2

Le sr DE JOUHÉ. 15
Domestique. 2

François Turpin, chevr, sgr-marquis de Jouhé, de Bouin, Villarmarc, La Renaudière, Fontbelle et La Vergne, fils de Jacques Turpin, chevr, sgr de Bouin, et de Françoise Normand des Bournis, était mort avant le 31 janvier 1736, et s'était marié 2 fois : 1° à Jeanne Turpin, dame de La Vergne, sa parente, fille de Jacques Turpin, marquis de Jouhé, et de Marie-Anne Boiceau, laquelle lui porta la terre de La Vergne et mourut sans postérité ; 2° à Louise-Sophie de Courbon-Blénac (1732), fille de *Jean-Louis*, marquis de Blénac, sgr de Romegoux, capitaine des vaisseaux du roi, et de Sophie de Pons, dame de Champdolent. C'est elle qui est ici désignée comme *la dame de Jouhé*; elle eut un fils : Casimir-Auguste-Alexandre Turpin, comte de Turpin, marquis de Jouhé, sgr de La Vergne, Bouin, Villarmarc, Bramfan et de Blanzac, marié (1755) à Jeanne-Françoise du Mosnard de Villefavard, dont il paraît n'avoir laissé que des filles :

1° Jeanne-Françoise-Thérèse Turpin, fille aînée, dame de La Vergne, mariée (1773) à Charles-

François de La Perrière, chevalier, sgr des Tannières, lieutenant des maréchaux de France à Saint-Jean-d'Angély ;
2° Marie-Thérèse-Jeanne Turpin, née à Saintes (1765) ; et peut être aussi :
3° Rosalie Turpin de Jouhé, mariée avec Arnoul-Gabriel-Anne-Pétronille de Courbon, marquis de La Rochecourbon-Blénac ;
4° Madeleine Turpin, dame de Villarmarc, convoquée au bailliage secondaire de Civrai, pour l'élection des Etats-Généraux de 1789.

LE PIGNÉ.

Le s^r DEMONTRILLON.	6
Domestique.	1

Peut-être Louis de Montrillon, présent au ban de 1758? Il était sgr du Pin. — Le Pigné, ancienne paroisse située près de Ternant.

DESTOUCHES. *Les Touches de Périgny.*

La ve du s^r GUÉRIN.	5
Domestique.	1
Le s^r GUÉRIN et les d^{lles} ses sœurs.	6

Appartenaient à la famille Castin de Guérin de La Magdeleine. Au lieu de *Destouches*, lire les Touches de Périgny. La Magdeleine sise en cette commune.

La d^{lle} DESBERNARDIÈRES.	3

LOIRÉ.

Le s^r DEMANE-DUGASON.	5
Domestique.	1

Est-ce Clément de Mânes, chevalier, sgr du Gazon, lieutenant au régiment de l'électeur de Bavière, marié (1725) avec Anne-Marie-Henriette de Sainte-Hermine, fille de César de Sainte-Hermine, sgr de Saint-Laurent et de La Barrière, et de Marie Legrand de Gallois? ou leur fils, François de Mânes, chevalier, sgr de Loiré, marié (1758) à Marie-Claire de Bremond, dame de Chassagne, fille de *Jacques-René*, sgr d'Orlac, et de Mélanie Dubourg? *Clément* était fils cadet de Jacques de Mânes, sgr des Coûts, capitaine au régiment d'Artois, et de Marie-Françoise de Culant, fille d'Isaac de Culant, chevalier, sgr d'Anqueville, et de Marie de Culant du Landrais.

Le s^r DUROLLIN. 3

Pourrait être pour du Roullin?

LOULAY.

Le s^r FROTTIER. 20
Domestique. 1

François Frottier, sgr de Paizay et de Loulay, que l'on croit fils de Jean Frottier, sgr de Loulay, mousquetaire de la garde du roi, capitaine au régiment de Normandie, et de Catherine Cousin, sa seconde femme. — Ancienne famille poitevine, représentée dans les branches de La Messelière, de Bagneux et de La Coste, et qui porte dans ses armes : *d'argent, au pal de gueules, accosté de 10 losanges de même, 5 à dextre, 5 à sénestre, 2-2-1.* — François Frottier est excusé *par son grand âge*, au ban de 1758.

MAQUEVILLE.

Le s^r DELASTRE-DEBOUCHEREAU. 12
Domestique. 1

Il devait être petit-fils de Jean de Lastre, sgr du Boucheau, et de Louise des Moulins, mariés en 1660. On trouve aussi un de Lattre, commissaire de la marine au département de Rochefort en 1763 (Guill. Merville). Jean-Nicolas de Lastre comparait au ban de 1758. — Bouchereau, fief situé en la paroisse de Maqueville.

MARETAY.

Le sr DE BESSÉ. 3

Les Mesnard de La Tascherie ont été sgrs de Bessé?
— Maretay, ancienne paroisse réunie à Matha.

MASSAC.

Le sr DELIVENNE-GROSBOIS. 6
Domestique. 1

La dlle VIGIER. 6

On trouve Charles de Livenne, marié à N. Vigier, dame de Massac, fille de Charles Vigier, sgr de Massac, et d'Anne de Sainte-Hermine, fille de Joachim de Sainte-Hermine, sgr du Fâ, de Cireuil, de Saint-Laurent, etc., et d'Anne de Polignac. — Cette N. Vigier avait pour sœurs : 1° Suzanne Vigier, mariée (1709) à Geoffroy de Blois, sgr de Roussillon; 2° N. Vigier, mariée à N. Renouard, sgr de La Magdelène.

MIGRON.

La ve du sr TIZON. 10
Domestique. 1

MONS.

La ve du sr DEROMEFORT. 8

Chevreuil de Romefort.

Le sr DELATACHERIE. 3

Sans doute Charles Mesnard de La Tascherie, qui comparaît au ban de Saintonge (1758). Il pouvait être petit-fils de Jean Mesnard (*aliàs Meynard*), sgr de Boisboucaud, et de Louise Gréaume, et arrière-petit-fils d'Isaac Meynard, sgr de Bessé, et de Blanche Raizin.

MORAGNE.

La dlle DE BAUCORPS. 6

MURON.

La v⁶ du sʳ DELAPORTE-BOUTON.	6
Domestique.	1

NANTILLÉ.

Le sʳ CHEVALIER.	6
Domestique.	1

Serait ce Mathieu Chevalier du Chausset, présent au ban de 1758?

NÉRÉ.

Le sʳ DÉLARUE-FRANCHE.	3

Marie-Anne Maichin, fille d'*Armand* (l'historien), et d'Anne Legendre, était dame de La Rue-Franche, et porta ce fief à son mari N. Rochier, écuyer, sʳ des Vallées, demeurant à Néré. Ils eurent pour fils ou petit-fils : Gabriel Rochier, sgr de La Rue-Franche, marié (1731) à Marie Du Chastenet, dame de La Sigogne (par. de Saint-Étienne) et de Boisserolle, morte sans enfants en 1762, fille de Pierre Du Chastenet, sgr de La Ferrière (par. de Migré), et de Charlotte Gourdry. Il assista au ban de 1758, et avait vendu conjointement avec sa femme, en 1756, les seigneuries de La Sigogne et de Boisserolle. Par son testament, en date du 27 juin 1747, il lègue à Marie Du Chastenet, sa femme, l'usufruit de tous ses biens, et la nu-propriété à ses frères et sœurs qui étaient : 1° *Hélie* Rochier, sʳ de La Rue-Franche, marié avec Anne Du Chastenet (tante de *Marie*); 2° *François*; 3° *René*; 4° *Suzanne*, veuve de Pierre de Villedon; 5° *Marianne*.

La Rue-Franche, fief mouvant de l'abbé de Saint-Jean-d'Angély, avait une origine plus ancienne que l'Abbaye et presque légendaire. Son existence est constatée dans la charte par laquelle la comtesse Agnès donna, en l'an 1048, à l'abbé de Saint-Jean-d'Angéri, tout ce qui restait en Saintonge de l'ancienne résidence de Pepin, roi d'Aquitaine, petit-fils de Charles-Magne. Cette charte lui donne la qualification de *Vicus*, le nom de *Rua-Alerici*, et la situation *intrà burgum Sancti Joannis*. Ce fief jouissait de beaucoup d'immunités et de franchises, d'où lui venait probablement le nom de *Rue-Franche*. C'est aujourd'hui la place de l'*Orme-Vert*. (Note de M. le président Duret).

La ve du s^r DELAFONTAINE. 3

La famille Rochier possédait La Fontaine en Néré, vers 1667.

Le s^r DELABARDE. 3

NEVIC.

Le s^r DELATOUR. 6
Domestique. 1

NUAILLÉ.

La d^{lle} DEMORNAY. 6
Domestique 1

Ligoure? Famille de Saint-Jean-d'Angély.

PAILLÉ.

Le s^r DELOSTANGE. 20
Domestique. 2

Est-ce François de Lostanges, sgr de Paillé, ou *Jean-François-Joseph*, qui semble avoir été son fils? Ce dernier, qualifié baron de Lostanges, puis marquis de Beduer, vicomte de Sainte-Naboude, etc., a épousé à Gaillac (1769) Marie-Céline-Bernardine-Renée d'Huteau de Fenayrols, fille de Jean-Louis-Etienne, comte d'Huteau, sgr d'Amour, lieutenant des maréchaux de France en Languedoc; et de Jeanne-Simonne-Charlotte de Blane, dame de Fenayrols. La maison de Lostanges de Sainte-Alvère, qui est encore représentée, porte : *d'argent, au lion de gueules, armé, lampassé et couronné d'azur, accompagné de 5 étoiles de gueules en orle*. — Quant à la branche de Paillé, elle doit être éteinte, car l'on trouve qu'Antoine de Bremond de La Lande de Clavière est convoqué (1789) au bailliage secondaire de Saint-Maixent, pour la baronnie de Paillé dont il avait hérité pour une partie lui provenant de *la succession de M. de Lostanges*. (Voir pour la filiation de cette branche, l'*Histoire de Saintonge*, par Maichin, à l'article Aunay).

PRIGNAC.

Le s^r DECHABRIGNAC.	10
Domestique.	1

La Faux de Chabrignac? Peut être Nicolas de La Faux de Chabrignac, excusé par ses infirmités au ban de 1758.

Le s^r DE BOISBOUCARD.	3

Serait-ce pour Boisboucaud?

ROHAN-ROHAN.

Les d^{lles} DENEROU.	3
Le s^r DETHIBAUD D'ALERY.	3
La ve du s^r THIBAUD LA *CAUSSADRIE* ?	3
Le s^r THIBAUD DELAVERGNE.	3
Le s^r THIBAUD-GOURJAUD.	3

La famille Thibaud d'Allery est encore représentée à Niort.

SAINT-DENIS-DU-PIN.

Le s^r DECASTELLO DE SAINT-MARCEAU.	6
Domestique.	1
Le s^r GENDIN.	10

Ce nom aurait-il été mal écrit, et faut-il lire Jandin?

Philippe Jandin, ancien lieutenant de cavalerie, est présent au ban de 1758. Il avait épousé, le 14 octobre 1726, Marie-Thérèse de Bonnegens, dame Du Bellai (par. de Saint-Denis-du-Pin), fille de Joseph de Bonnegens, lieutenant-général au siége de Saint-Jean-d'Angély, et de Marie Lemaistre. Il est dit gentilhomme du pays de Verdun.

SAINT-ÉTIENNE.

Le s^r DE SAINT-ÉTIENNE.	10
Domestique.	1

Est-ce Gaspard de La Lande, seigneur de Saint-Étienne, lieutenant de vaisseau, marié (1719) à Marie-Jeanne Diego de Peredos, ou un de leurs fils : 1° Nicolas de La Lande, gouverneur de Melle, chevalier de Saint-Louis, marié (1750) à Esther Néric d'Ausy ; 2° Léon de La Lande, capitaine au régiment de Berri, marié (1771) à Françoise-Félicité d'Ahuti? (Voir, pour la filiation de cette famille, Guill. Merville).

SAINT-FRAINE.

Le s^r BÉCHET.	5
Le s^r DESLEAUX DUVIVIER.	6

Ce nom nous paraît avoir été mal lu ; faudrait-il *de Lestang du-Vivier?* ou *du Lau?*

Le s^r DE BOISBAUDRAN.	10
Domestique.	1

Des Le Coq de Boisbaudran représentés à Cognac? Peut-être Etienne-Jean-Charles Lecoq de Boisbaudran, chevalier, seigneur de la Prévôté de Mainxe, etc., marié à Marguerite Templerault, dont, entre autres : 1° Jean-Gaspard Lecoq, né à Cognac (1761), capitaine au régiment de Touraine-infanterie, marié (1791) avec Adélaïde-Sylvie Roubaud ; 2° Barthélemy Lecoq de Boisbaudran, marié (1791) à Marie-Lucie Bernard, dont : *Scévola* Lecoq de Boisbaudran, né en 1793. MM. Lecoq négociants à Cognac, doivent être les représentants actuels de cette famille.

Le sr DEPONTHIEU DU COURTIOU. 3

Alexandre de Ponthieu, chevalier, sgr du Courtiou, fils de Daniel de Ponthieu et de Jacquette de La Porte-aux-Loups, meurt âgé de 38 ans et est inhumé en l'église de Lanville, le 13 mars 1750. Il avait épousé à Lanville, le 16 octobre 1737, Marie Maignan, fille de feu Jean Maignan, sr des Marais, lieutenant-criminel de l'élection de Cognac, procureur-fiscal de la principauté de Marcillac, et d'Anne Nadeau. Alexandre de Ponthieu est dit de la paroisse de Saint-Fraigne (dans son acte de mariage), et laissa un fils : Jacques-Christophe de Ponthieu, né à Lanville en 1743, qui eut pour parrain autre Jacques-Christophe de Ponthieu (sans doute son oncle paternel), et qui était dans les ordres en 1766.

SAINT-HÉRIE.

Le sr DE BOURDEILLE. 60
Domestique. 2

Le sr comte DE BOURDEILLE. 60
Domestique. 2

Saint-Hérie, commune réunie à Matha, en 1818. — Henri-Joseph, comte de Bourdeille, baron de Matha, né en 1715, colonel du régiment d'Orléans-infanterie, marié à Louise-Marguerite d'Esparbès de Lussan d'Aubeterre, sœur du vicomte d'Aubeterre, ambassadeur en Espagne et chevalier des ordres du roi. Il était fils d'Henri de Bourdeille, comte de Matha, sgr de Saveilles et de Touchimbert, et de Marie-Suzanne Prévost de Touchimbert et de Saveilles, mariée en 1713; et fut père de Henri-Joseph, marquis de Bourdeille et d'Aubeterre, premier baron du Périgord, capitaine au régiment Dauphin-cavalerie, marié trois fois : 1° (1770) à Marguerite-Henriette Desmier de Saint-Simon d'Archiac, fille de Louis-Étienne, comte d'Archiac, colonel du régiment d'Archiac, maréchal de camp, commandeur de Saint-Louis, et de Marie d'Anthès ; 2° (1773) avec Adélaïde-Thérèse d'Estampes, fille de Louis, marquis d'Estampes, colonel des grenadiers de France, et d'Adélaïde-Godefroy-Julie de Fouilleuse de Flavacourt; 3° (1789) à Marie-Jacquette-Claude de Beaumont, morte en 1810. Du 1er mariage est issue Amélie-Joséphine-Françoise de Bourdeille, mariée d'abord à M. Thibaud de La Garde, dont postérité, et ensuite à Joseph Ancelin d'Espart, sans enfants. Du second mariage, sont venues deux filles : Marie-Henriette-Claire de Bourdeille, mariée à Félix-Charles Wogs d'Hunolsthein, dont postérité actuelle, et Louise-Élisabeth de Bourdeille, mariée à Charles-Raymond-Sylvan, marquis de Béranger. Et enfin du 3e mariage, est provenu Joseph-Marie-Armand de Bourdeille, marquis de Bourdeille, mort en 1845, marié à d^{lle} Blanche-Adélaïde-Eudoxie Emé de Marcieu, décédée, à Paris, en 1864, laissant : Hélie-Louis-Charles-Gustave, marquis de Bourdeille, marié (1856) à Marie-Léontine-Alix de Galz de Malvirade, dont deux garçons : *Henri* et *Roger*.

SAINT-HILLAIRE.

Le s^r DEVILLEFRANCHE. 10
Domestique. 2

Jacques-Alphée Goulard, chevalier, sgr de Saint-Hilaire, Villefranche, Le Roullet, La Hoguette, Chamouillac, baron de Rochereau, marquis de Vervant, né en 1681, décédé en 1760, avait épousé, étant alors lieutenant au Régiment du roi, en 1700, Marie-Rose Boisson, veuve de Jean de Lamberties, chevalier, sgr de La Chapelle-Narval, fille d'Antoine Boisson, écuyer, sgr de Bussac, Le Roullet, Rochereau, etc., et de Marie de La Rochefoucauld d'Orbay, et en eut deux fils dont le cadet, *Antoine*, qualifié sgr de *Villefranche*, Laléard, La Hoguette, etc., mourut en 1784, et pouvait être celui dont il s'agit ici? *Jacques-Alphée* était fils de Jacques-Martel Goulard, chevalier, marquis de Vervant, décédé (1700) en Angleterre où il avait émigré pour cause de religion, et de Marthe-Fabrice de Gressenich, à qui le roi, après sa conversion, donna les biens confisqués sur son mari.

SAINT-JULIEN.

La d^{lle} LATOUCHE. 3

SAINT-LORAND.

La ve du s^r DECHERVE, père. 6
Domestique. 1

Le s^r DECHERVE, fils. 3

De la famille de Beaucorps. — Saint-Laurent de La Barrière.

Le s^r BEAUCORPS DE LA DUCHERIE. 3

Probablement Charles-Louis de Beaucorps, chevalier, sgr de La Ducherie, présent au ban de 1758, marié : 1° 30 août 1730, à Marie Grégoireau de La Pinellerie; 2° à Marie-Magdelène Béraud. Il vivait encore en 1774, date du mariage de son fils, Pierre-Philippe-Célestin de Beaucorps, chevalier, ancien officier de dragons, avec Marie-Anne de Guérin, fille de Pierre de Guérin, écuyer, s^r de Lestang, sgr de Bizac, et de Marie-Anne (*aliàs* Louise) Grégoireau, dont vint Louis de Beaucorps, né 1778, marié (1799), avec Adélaïde Boucher qui lui donna plusieurs enfants, entre autres, Célestin de Beaucorps, marié à d^{lle} Eugénie Mossion de La Gontrie, aujourd'hui sa veuve sans enfants, et François-Prosper de Beaucorps, commissaire-adjoint de la marine à Rochefort. — La Ducherie, *aliàs* La Bucherie, en la commune de Saint-Laurent de la Barrière, canton de Tonnay-Boutonne.

SAINT-MARTIN-D'ANILLÉ.

Le s^r DUBREUIL-MALMAUD. 6
Domestique. 1

René Turpin, écuyer-chevalier, sgr du Breuil-Marmaud, du Petit-Mondevis, de Thommeille, de Fief-Gallet et de Faye en partie, maintenu par Bégon (1700), inhumé dans le chœur de l'église Saint-Michel de Saintes (1766), marié deux fois : 1° (1718) à Marie-Jeanne Pepin, fille unique de Sébastien Pepin, sgr de La Pempelière et de La Crestinière, conseiller au siége royal de Saint-Jean-d'Angély, et de Marie Michel (des Michel de Diconche et de La Morinerie) ; 2° (1724) à Françoise-Gabrielle de Mirande, fille de Henri-Seguin de Mirande, chevalier, sgr de Sainte-Gemme et de Thommeille, chevalier de Saint-Louis, et de Marie-Antoinette de Verdelin. De ce second mariage, plusieurs enfants : 1° *Charles* qui suivra ; 2° Jacques-Gaspard, vicomte de Turpin, sgr de Fief-Gallet, de Faye et de Villeneuve, major d'infanterie, chevalier de Saint-Louis, député suppléant aux Etats-Généraux (1789), né en 1732, mort à Saintes en 1818, marié (1764) à Françoise-Élisabeth Chevalier des Landes, fille de M. maître Chevalier des Landes, sgr de Villeneuve, conseiller au présidial de Saintes, et d'Élisabeth Dufaur ; 3° Jean-Baptiste Turpin du Breuil, chevalier, sgr de Thommeille, capitaine des vaisseaux du roi, chevalier de Saint-Louis, marié (1774) à La Martinique, avec Marie-Élisabeth Germain du Paty, dont il a eu Louis-Jacques-Gaspard Turpin, vicomte de Turpin de Jouhé, capitaine de frégate, chevalier de Saint-Louis, gouverneur de Marie-Galande, décédé à Paris, le 7 janvier 1867, laissant de Marie-Luce de Rools-Joursolas de Laubière, un fils : Louis-Eugène-Albert-Marie, vicomte de Turpin de Jouhé, marié à Versailles (1861) à Isabelle-Jacqueline, baronne de Tuyll de Seroos-Kerken ; 4° Marie-Jeanne Turpin, mariée (1762) à René de Chièvres, sgr d'Aujac, chevalier de Saint-Louis, etc., dont postérité.

Turpin (Charles de), chevalier, sgr du Breuil-Marmaud et du Petit-Mondevis, qualifié marquis de Turpin, aide-major au port de Rochefort et capitaine des vaisseaux du roi, avait d'abord été reçu chevalier de minorité de l'ordre de Malte, puis s'était marié (1748) avec Élisabeth-Julie de Macnémara, dame de la baronnie de Lemung, de La Chatellenie de La Rochecourbon et du comté de Torfoux, fille unique héritière de Jean-Baptiste de Macnérama, chevalier, baron de Lemung, chevalier de Saint-Louis, capitaine des vaisseaux du roi, commandant des Gardes de la marine au port de Rochefort, et de Julie de Stapleton, lequel J.-B. de Macnérama se remaria (1754), étant alors lieutenant-général des armées navales et commandeur de Saint-Louis, à Marie-Catherine Larcher. Charles de Turpin est décédé à Lhoumée en 1768, laissant : 1° *René-Charles* qui suivra; 2° Claude-Jean-Baptiste Turpin, chevalier, lieutenant des vaisseaux du roi, marié (1779) avec Anne-Constance Achard-Joumard, dame de Balanzac, dont quatre filles; 3° Catherine-Julie de Turpin, mariée à Nicolas-René-Henri, comte de Grimouard, vice-amiral, exécuté révolutionnairement à Rochefort, laissant postérité.

Turpin (René-Charles de), chevalier, sgr du Breuil-Marmaud et du Petit-Mondevis, officier au régiment du Roi-infanterie, convoqué à l'assemblée électorale de Poitiers (1789), pour son fief du Breuil-Marmaud, marié (1775) à Marie-Bertille-Antoinette Héron, fille de Louis-Antoine Héron, écuyer, lieutenant des vaisseaux du roi, et de Guy-Bertille de Brach, obtient du directoire du département de la Charente-Inférieure un décret, en date du 24 août 1792, qui lève le séquestre mis sur ses biens et sur ceux de ladite Héron, sa femme, dont il eut un fils : *Charles-Hippolyte* (voir *La Noblesse de Saintonge en 1789*, La Morinerie).— René Turpin, dont il s'agit dans ce rôle, était fils de Jacques Turpin, chevalier, sgr du Breuil-Marmaud et de Vilotte, et d'Élisabeth ou Isabelle Turpin de Busserolles, fille de Gaspard Turpin, chevalier, sgr de Busserolles, et de Jacquette du Teil. La terre et seigneurie du Breuil-Marmaud (paroisse de Saint-Martin-de-Juillers) était entrée dans la famille Turpin par le mariage d'Antoine Turpin, sgr d'Ardilleux, La Bataille, etc., vivant en 1494, avec Anne de La Magdelène de Ponthieu, dame du Breuil-Marmaud en la paroisse de *Saint-Martin-d'Aunay (sic)*, ce qui donnerait à penser qu'à cette époque (xve siècle), Saint-Martin-de-Juillers pouvait s'appeler *Saint-Martin-d'Aunay*. Nous ne connaissons pas d'ailleurs le nom de Saint-Martin d'*Anillé*, qui aura pu être mal écrit pour Saint-Martin-d'*Aunay?*

SAINTE-MÊME.

Le s^r DEVILLEMINSEUL. 10
Domestique. 1

    Ce devait être René-François de Bégeon, chevalier, sgr de Villemenseuil, marié à Marie-Marguerite Guillemain, remariée depuis à Joseph Réveillaud, garde du corps du roi. Il était fils d'autre René-François Bégeon, écuyer, sgr de Villemenseuil (en Anjou), et de Marie (*aliàs* Charlotte) du Bourg, sœur de Claude du Bourg, écuyer, sgr de Brézillas, Le Gua et Le Brandet (en Saint-Vaise), chevalier de Saint-Louis, major du régiment de Vaudray, qui, par son testament de 1740, fait donation à M. de Villemenseuil, son neveu. René-François-Melchior de Bégeon de Sainte-Même, l'électeur de 1789, était son fils (voir *La Noblesse de Saintonge en 1789*, par M. de La Morinerie). Cette ancienne famille, aujourd'hui éteinte, descendait de Guillaume Bégeon, sgr de La Roche-Froissard, marié, au xve siècle, à Jeanne de Champeaux, et bisaïeul de François Bégeon, 2e du nom, marié à Jeanne du Plessis-Châtillon. (V. Guillonnet-Merville).

SAINT-OUEN.

Le s^r CHEVALIER DE LIVENNES. 6
Domestique. 1

    Est-ce Jean-Léon de Livenne, fils cadet de *Charles-Marc*, chevalier, sgr des Rivières (par. de Saint-Ouën), de Lauron et du Breuil, capitaine au régiment de Navarre, et de Jeanne d'Audonnet, lequel *Jean-Léon* comparaît au ban de 1758 ; ou son frère aîné, Jean de Livenne, chevalier, sgr des Rivières, du Breuil et de Lauron, marié (1714) avec Angélique de Beaumont, fille d'Henry de Beaumont, chevalier, sgr d'Augé et du Grand-Lauron, et de Marie Emard ? Ce dernier fut père de Charles de Livenne, chevalier, comte de Livenne, marquis de La Rochechalais, sgr des Rivières, les Brousses-aux-Sicots, Montchaude, Chatelars, Pouchenin, baron de Bâlan et de Cuzaguès, sgr de Cingé en Touraine, etc., etc., marié (1750) à Marie-Paule-Pélagie de Livenne-Verdilles-Bâlan, sa parente, dame de Bâlan, des Brousses et de Pouchenin, et l'un des commissaires de l'ordre de la noblesse de la sénéchaussée de Saintes en 1789 (voir La Morinerie).

Le s^r DEMANSOGNE. 3

SAINT-PARDOUL.

La ve du s^r DEMAREUIL. 3

La d^lle DANTRÈZE. 3

Probablement une d^lle de La Laurencie, fille ou sœur de Bernard de La Laurencie (voir article Tonnay-Boutonne.

La ve du s^r DEPERS. 3

SAINT-SAVINIEN.

La ve du s^r DE BESSÉ. 10
Domestique. 1

Peut-être Anne Fé-Lesmerie, dame de Bessé et de La Prade, mariée avec Armand Maichin, si elle existait encore, ce qui est douteux?

TAILLANT.

La ve du s^r DELAGALERNERIE. 10
Domestique. 1

Boisseau de La Galernerie. Sans doute de la même famille que Boisseau de Pouzou, maire en 1604-1605, qui se signala par ses sages mesures contre la peste qui ravageait alors la ville de Saint-Jean-d'Angély.

TAILLEBOURG.

Madame la princesse DE TALMOND. 100
Domestique. 6

Probablement Marie-Louise Jablonowska, fille de

Jean, prince de Jablonowski, grand porte-enseigne de Pologne, laquelle épousa (1730) Anne-Charles-Frédéric de La Trémoille, prince de Talmont, comte de Taillebourg et duc de Châtellerault, mort sans postérité (1759), et fils de Frédéric-Guillaume de La Trémoille, prince de Talmont, lieutenant-général des armées du roi, marié (1707) à Elisabeth-Antoinette de Bullion, fille de Charles-Denis de Bullion, marquis de Gallardon, prévôt de Paris, et de Marie-Anne Rouillé.

TONNÉBOUTONE.

Le s^r DANTRAIZE.	6
Domestique.	1

La seigneurie d'Antraize, en Tonnay-Boutonne, devait appartenir alors à la famille de La Laurencie, car on trouve Bernard de La Laurencie d'Antraize, présent au ban de 1758. Il était sans doute fils de Gabriel de La Laurencie, chevalier, sgr d'Antraize et de Mourière (par. de Tonnay-Charente), vivant en 1693, et mort avant le 30 juillet 1703, que Bénigne Aubert est dite sa veuve et tutrice de leurs enfants dont semble faire partie Marguerite de La Laurencie, qui paraît avoir épousé Louis de Vallée, écuyer, sgr de Monsanson, dès 1703. — Ce *Gabriel* qui n'est pas indiqué dans la généalogie de cette famille (par La Chenaye), doit avoir eu pour père autre Gabriel de La Laurencie, sgr de Moulières (pour Mourière), vivant en 1635 et marié à Madelène Giraut. — Des La Laurencie, la terre d'Antraize est passée aux Pallet, et a été vendue (vers 1818) par M. Pallet de Blanzay, à M. Léon de Sartre qui la possède encore aujourd'hui (1867).

La dame DE LA CAILLAUDIÈRE.	3

TONNAY-CHARENTE.

La ve du s^r DANTEFAY.	6
Domestique.	1

La d^lle LIMOUSIN DES GROIS. 3

La ve du s^r DELAGACHETIÈRE. 30
Domestiques. 2

 Gommier de La Gachetière, famille qui semble éteinte depuis longtemps dans la province. — On trouve (1690) Pierre de Gommier, écuyer, sgr de La Frégonnière, veuf de Sara Bastier et tuteur de leurs enfants.—La Gachetière passa plus tard à la famille Masson de La Sausaye.

Le s^r DEMIRANDE. 10
Domestique. 1

 Louis de Saint-Martin de Mirande, qui assiste au ban de 1758? ou plus probablement François Lemouzin de Mirande, ancien brigadier des Gardes du roi, présent au même ban comme maréchal-des-logis?

VERVANT.

Le s^r DECRÈS. 40
Domestiques 2

 Antoine-Louis-Auguste de Crès de Vervant, lieutenant des maréchaux de France, présent au ban de 1758. (Voir *La Noblesse de Saintonge en 1789*, par M. de La Morinerie). Tout porte à croire qu'il possédait partie de la seigneurie de Vervant dont l'autre partie appartenait à Jacques-Alphée Goulard précité.

VARS.

Le s^r LAINE DUPORTAIL. 5
Domestique. 1

Ls s^r RENAUD de JÉÉS. 15
Domestique 1

La ve du s^r SAINTPAUL. 6
Domestique. 1

Le s^r DAUGE. 6
Domestique. 1

VILLEMORIN.

Le sr DEVILLEMORIN.	35
Domestique.	2

Chevalier de Villemorin. Peut-être Henri Chevalier, qui comparaît au ban de 1758. — La terre de Villemorin fut vendue plusieurs années avant la Révolution, par M. de Nantillé, à M. Clémenson qui l'a revendue plus tard à M. Clergeau, maire de la commune de Villemorin.

VOIZRAY.

La ve du sr DE SAINT-MARTIN	25
Domestique.	1

Louise-Armande Maichin, fille de *Claude-Armand*, et de Marguerite Pépin des Filotières, et petite-fille de l'historien Armand Maichin; elle avait épousé Charles de Saint-Martin, sgr de Geay et de Puycerteau. — Voizray pour Voissay, commune du canton de Saint-Jean-d'Angély.

VARAIZE.

Le sr DUBELLAY.	6

Ce doit être Jean-Baptiste-François Griffon, marié à Jeanne-Thérèse de Jaudin, fille de *Philippe*, et de Marie-Thérèse de Bonnegens, mentionnés plus haut. — La terre du Bellay est encore possédée par les représentants de cette famille.

Le sr GRIFFON DELARICHARDIÈRE.	25
Domestique.	1
Les deux enfants du f{e} sr DELARICHARDIÈRE . . .	6

Griffon de La Richardière avait épousé Marie Groussard, veuve de René Charpentier de Laurière, et petite-fille d'Henri Groussard, sr d'Anglars, docteur en médecine, et de Suzanne-Bénigne Maichin, fille elle-même d'*Armand* Maichin. Marie Groussard mourut en 1771 (le 8 octobre), laissant de son second mariage, deux filles : 1° Louise Griffon, mariée à Aubin Griffon de Beaumont ; 2° Marguerite Griffon, mariée à François Duboulet.

Somme totale du présent rolle, quinze cent vingt-trois livres............. 1,523^l »
Quatre sols pour livre, trois cent quatre livres, douze sols................ 304^l 12^s
_____
1,827^l 12^s

Fait et arrêté par nous, intendant susdit, à Saint-Jean-d'Angély, le 20 octobre 1749.

Signé : DE BLAIR DE BOISEMONT.

ÉLECTION DE SAINT-JEAN-D'ANGELY

CAPITATION

1750

PRIVILÉGIÉS

Rôle de répartition fait par nous, Louis-Guillaume de Blair, chev^r, seigneur de Boisemont, Courte-Manche et autres lieux, conseiller du Roy en ses Conseils, m^e des Requêtes ordinaire de son hôtel, intendant de justice, police et finances en la généralité de La Rochelle, de la capitation des privilégiés de l'Election de St-Jean-d'Angely pour l'année prochaine 1750 :

OFFICIERS DU SIÉGE.

Le s^r DE BONNEGEND, lieutenant-général . . . . 60 l.
Domestiques. 2

    Joseph de Bonnegens, sgr du Cluseau-Bignai, lieutenant-général du siége royal, charge dont il fut pourvu dès 1710, n'étant alors âgé que de 12 ans. Il était fils d'Hélie de Bonnegens et de Marie Pepin, et mourut en 1780, sans enfants de Marie Charrier, sa femme. — Cette famille faisait partie du corps de la Noblesse dès 1789, puisqu'à cette époque, on voit Bonnegens de La Chaume figurer parmi les électeurs nobles de la sénéchaussée d'Angoulême, à l'assemblée du 19 mars. Cependant, le 4 février

1815, Jean-Joseph de Bonnegens des Hermitants, ancien lieutenant-général de la sénéchaussée de Saint-Jean-d'Angély, et ex-député du Tiers aux Etats-Généraux de 1789, reçoit des lettres d'anoblissement. Il était neveu de Joseph, précité, et avait épousé (1782) Anne Torchebœuf-Le-Comte, sœur de M. Le Comte, de la Vigerie près St-Savinien. — Ce nom est encore représenté à St-Jean-d'Angély, avec une grande honorabilité, par M. Henri de Bonnegens des Hermitants, fils du précédent, président du tribunal civil, marié à d^{lle} Mercier (de Bourbon-Vendée) dont deux filles : *Adèle*, mariée à Gaston de Montardit, et *Camile*, mariée à Auguste de Jansac (1); et en Angoumois, dans la branche de La Chaume, par Mr Philippe de Bonnegens, maire de la commune de Sigogne (canton de Jarnac), marié en 1835, avec Anne-Louise de La Sudrie, dont un fils, *Louis*. Il est lui-même fils de Louis de Bonnegens de La Chaume, président de chambre en la cour de Poitiers, et de Christine-Zoé de Bonnegens d'Aumont (mariée en 1807), et petit-fils de Joseph de Bonnegens, sgr de La Chaume, capitaine de grenadiers au régiment d'Aunis, et de Marguerite Maignen (mariée en 1754).

Le s^r DUGAST, lieutenant-général de police 25
Domestique. 1

Denis Dugast, acheta la charge de lieutenant-général de police, en 1712, et fut remplacé par son fils en 1755.

Le s^r LA RADE, lieutenant-particulier 30
Domestique. 1

Jean-Antoine Larade, maire et lieutenant-particulier en 1742, marié à Marie-Marguerite Pelluchon, remplacé dans sa charge par son fils, Hector Larade, en 1774, qui

---

(1) Le frère aîné de Mr Henri de Bonnegens, Joseph de Bonnegens des Hermitants, auditeur au Conseil d'Etat, puis sous-préfet à Gorcum (Hollande), à Quimperlé et à Saint-Jean-d'Angély jusqu'en 1830, vient de mourir en 1867. Ils devaient avoir pour sœur, Marie-Adèle de Bonnegens des Hermitants, première femme de Mr Jacques-Auguste de Gaalon.

fonctionna jusqu'à la Révolution, et se maria à d{lle} Lemaistre. — Famille encore représentée à Saint-Jean-d'Angély, par Mr Hippolyte La Rade, marié sans enfants. — Elle a porté autrefois le nom de La Rade de Treize-Œufs, domaine situé en la paroisse de Saint-Jean-du-Breuil, près Muron. — Pierre de La Rade, sgr de Treize-Œufs, portait : *de sinople, à une ancre d'argent* (Arm{l} 1696), armes parlantes.

Le sr CAFFIN, assesseur	20
Domestique.	1

Une famille de ce nom existe à Tonnay-Boutonne. — On trouve Jean Caffin, sgr d'Asnières, conseiller du roy, assesseur et premier conseiller au siége royal de Saint-Jean-d'Angély, en 1692. C'est lui qui complimenta Philippe de France, duc d'Anjou, appelé au trône d'Espagne, lors de son passage à Saint-Jean-d'Angély, (21 décembre 1700). — Il eut pour successeur, Jean-Baptiste Caffin, son fils, sr de Chantemerle, qui est sans doute celui dont il s'agit ici, et qui fut maire de 1733 à 1739.

Le sr BONNEGEND, conseiller	15
Domestique.	1

Jean-Joseph de Bonnegens d'Aumon, conseiller au siége royal, né en 1727. Il avait épousé Jeanne Saint-Blancart, et il était fils de Jean de Bonnegens, rapporté plus bas, et de Blanche Baron.

Le sr CHOTARD, conseiller	15
Domestique.	1

Jean Chotard, conseiller en 1727.

Le sr GEOFFRÉ, conseiller	15
Domestique.	1

On trouve Pierre Geoffré, conseiller en 1715 ; il devait être proche parent de Jean-Jacques Geoffré, marié (1706) à Marguerite Pepin, fille de René Pepin des Filotières, conseiller en l'Election, et de Marie Caffin, sa première femme.

Le s^r DE BONNEGENS, conseiller d'honneur 3
Domestique. 1

    Ce doit être Jean de Bonnegens, prévôt des maréchaux, conseiller au siége en 1727, marié à Blanche Baron, dont il eut aussi : Jean-Baptiste de Bonnegens, sgr des Hermitants, rapporteur au point d'honneur, mort en 1776, marié à Marie-Gabrielle Henri, dont vint : Jean-Joseph, lieutenant-général et député aux Etats-Généraux, précité.

Le s^r METADIER, avocat du roy. 25
Domestique. 1

    Famille qui était encore représentée dans les environs de Saint-Jean-d'Angély, il y a quelques années, notamment par M^r l'abbé Mestadier.— François Mestadier était avocat du roi dès 1701. — Celui dont il s'agit ici cumula les fonctions de procureur et d'avocat du roi, jusqu'en 1750. Il avait épousé une sœur de Josué Lemaistre du Pouzat, et en eut plusieurs filles et un seul fils qui fut curé de Prignac.

Le s^r CHAVRIER, procureur du roy 30
Domestique. 1

    Il faut probablement lire Charrier, famille qui a exercé pendant plusieurs générations la charge de procureur du roi au siége de cette ville. — Antoine-Maurice Charrier, procureur du roi en 1727, et maire en 1729, était fils de Charles-Louis Charrier, aussi procureur du roi en 1715, et il épousa Marie-Thérèse Thomas, fille de Pierre Thomas, baron d'Authon, conseiller au présidial de Saintes. (V. plus haut).

La ve du s^r ROBERT, président 6
Domestique. 1

    A cette famille appartenait Auguste-Charles-Gustave

Robert, mort sous-préfet de Quimperlé, en 185.., et marié à d[lle] Labassée. — On trouve Jean-Baptiste Robert du Tertre et de Plainpoint, lieutenant-général en 1703 ; il avait épousé une fille de Joseph de Bonnegens, aussi lieutenant-général en 1689.

La ve du s[r] CHAVRIER, lieutenant-criminel 15
Domestique. 1

Pour Charrier. — C'était Charrier de Fontgrive, lieutenant criminel en 1736, et successeur de Josué Lemaistre du Pouzat. Il était cousin des autres Charrier, procureurs du roi.

La ve du s[r] COLLON, lieutenant-particulier 15
Domestique. 1

Pierre Coulon, sgr de Frâgne, lieutenant-particulier en 1689? Il avait épousé Louise Larade, qui paraît morte cependant depuis longtemps.

La ve du s[r] DE LA CRETINIÈRE 3
Domestique. 1

Marie-Anne de Reverdy, seconde femme (1722) de Sébastien Pepin, sgr de la Pimpelière et de la Crestinière, conseiller au siége royal de Saint-Jean-d'Angély, fils de Jean Pepin, aussi sgr de la Pimpelière et de la Crestinière, conseiller au siége royal, et de Jeanne de Gadouin. — Il avait épousé en premières noces (1696) à Saintes, Marie Michel, fille d'Isaac Michel, sgr de Diconches, et de Marie Vivier, laquelle mourut en 1720, lui laissant une fille unique : Marie-Jeanne Pepin, première femme (1718) de René Turpin, chevalier, sgr du Breuil-Marmaud et du Petit-Mondevis, qui se remaria (1724) à Françoise-Gabrielle de Mirande, n'ayant eu de son premier mariage que deux filles, mortes en bas-âge. — Marie Michel était sœur d'*Isaac*, sgr de Diconches, lieutenant-criminel, puis garde du corps du roi, marié à Marie Audebert de La Morinerie. — Marie-Anne de Reverdy n'eut qu'un enfant, né posthume, le 7 mars 1725, et décédé quelques années après.

Le greffier-commis 10

OFFICIERS DE L'ÉLECTION.

Le Sʳ ROBERT, lieutenant. 35
Domestique. 1

La vᵉ du sʳ PEPIN, élu 6
Domestique. 1

    Sans doute Marie-Anne Charrier de Châteaufontaine, mariée (1706) à Jean Pepin, sgr de La Plesse, conseiller en l'Election, fils de René Pepin des Filotières, aussi conseiller en l'Election, qui s'était marié deux fois : 1° à Marie Caffin ; 2ᵉ à Elisabeth Geoffré, sans enfants. Il avait eu de sa première femme, outre *Jean*, Pierre Pepin, sʳ de La Sigogne, marié à N. Dugast dont une fille : Marie-Elisabeth Pepin de La Sigogne, mariée (à 12 ans) avec Pierre-Augustin Perraudeau, le célèbre jurisconsulte, qui acquit la noblesse pour ses descendants, par la charge de conseiller-secrétaire du roi.

Le sʳ GRIFFON, élu. 35
Domestique. 1

Le sʳ LARADE, élu 35
Domestique. 1

Le sʳ DURAND, procureur du roy 20
Domestique. 1

    Doit être de la même famille que Jean-Maurice Durand, greffier en 1757.

Le sʳ MALLAT, greffier en chef 20
Domestique 1

    Serait-il de la famille Mallat de La Bretinière, représentée à l'assemblée de la noblesse de St-Jean-d'Angély

(1789), et fils de François Mallat, assesseur criminel en 1668?

Le s^r DE LESTANG, receveur des tailles	100
Domestiques	2

    Claude-Alexandre de Lestang, receveur alternatif des tailles, mort vers 1766, avait épousé Françoise Beziaud, dont 5 enfants : 1° Claude-Nicolas de Lestang, décédé avant 1766, marié à Marie-Thérèse Pasquier-Pitoreau, dont *Claude-Alexandre*, auteur de la branche de Ranville, représentée aujourd'hui à Saint-Jean; 2° Charles de Lestang, receveur des tailles, mort en 1766, marié en février de la même année, à Marie-Françoise Geoffroi, dont *Julie*, née en 1766, mariée à N. Augier; 3° Pierre-Alexandre de Lestang, d'abord officier au régiment de Chartres, puis receveur des tailles ; 4° *Marie* ; 5° *Françoise*, fille mineure en 1756. Armes : *Un chevron accompagné de 3 canettes*. (Manquent les émaux).

Le commis au controlle	10
Le s^r CHARDON, entreposeur du tabac.	5
Le s^r LEMAITRE, maire	20
Domestiques	2

    Jean-Joseph Lemaître du Pouzat et de Chancelée, premier maire perpétuel et alternatif, de 1743 à 1765. Il était oncle de J.-B. Lemaistre du Pouzat, qui succéda, en la charge d'avocat du roi, à son beau-père, P.-A. Perraudeau, le célèbre jurisconsulte (V. *Biog. Saint.*, article Lemaistre du Pouzat). Jean-Baptiste est mort en 1821, à l'âge de 95 ans accomplis. — Son père, Josué Lemaistre du Pouzat, frère aîné de *Jean-Joseph*, fut lieutenant-criminel et maire de 1726 à 1728. — Ils descendaient de Michel Lemaistre, avocat du roi, né au Mans, décédé en janvier 1708, et marié à Jeanne Pitard, dont Jean Lemaistre, lieutenant-général en l'Election, marié à Jeanne de Pichon, et père de *Jean-Joseph* dont il est ici question.

Le sʳ GARNIER, maire. 6
Domestique. 1

>Anne-Rogier Garnier, maire alternatif avec le précédent. Il avait été commissaire des guerres, et se maria à dˡˡᵉ Guibert de Landes.

La vᵉ du sʳ CHARPENTIER, président 10
Domestique 1

>Peut-être de la famille Cherpentier de La Varenne, dont était Mᵐᵉ Leveneur de Beauvais, décédée au lieu de la Tousche-d'Asnières, le 26 novembre 1864. Son cousin, Mʳ Cherpentier de La Varenne, mort célibataire en la commune de Celles (canton d'Archiac), au mois de février 1867, était le dernier représentant de cette famille.

Le sʳ NORMEND, receveur des tailles 100
Domestiques 2

>Voir pour la famille Normand qui a comparu à l'assemblée électorale de la noblesse de Saint-Jean-d'Angély (1789), l'ouvrage de Mʳ de La Morinerie. — Ce receveur des tailles alternait avec Mʳ de Lestang.

Somme totale du présent rolle, sept cent quarante-quatre livres. . . . . 744ˡ »
Quatre sols pour livre, cent quarante-huit livres seize sols. 148ˡ 16ˢ
892ˡ 16ˢ

Fait et arrêté par nous intendant susdit, le vingt octobre mil sept cent quarante-neuf.

Signé : DE BLAIR DE BOISEMONT.

CAPITATION

(1750)

ÉLECTION DE MARENNES

NOBLESSE

Rolle de la capitation de la Noblesse pour l'Election de Marennes, pour l'année mil sept cent cinquante, arrêté par nous, Louis-Guillaume de Blair, chevalier, seigneur de Boisemont, Courte-Manche et autres lieux, conseiller du Roy en ses Conseils, m⁰ des Requêtes ordinaire de son hôtel, intendant de justice, police et finances de la généralité de La Rochelle.

Noblesse. 396¹ »
4ᵉ p. l. . 79¹ 4ˢ
—————
475¹ 4ˢ

MARENNES.

La vᵉ du sʳ RICHIER.	50	50
Domestique.	2	2

Mère de Jacques-Raymond de Richier, député aux États-Généraux (1789), Anne-Esther Martin de Bonsonge avait épousé, le 23 octobre 1739, Isaac-Jacques de Richier.

La dˡˡᵉ FORAND.	20	20
Domestique.	1	1

La dame FROGER DE LA RIGAUDIÈRE. . . . 20   20
Domestique.   1   1

    Faut-il voir ici Catherine Sary de La Chaume, veuve, dès 1748, de Michel Froger de La Rigaudière, capitaine de frégate, chevalier de Saint-Louis, gouverneur de Mornac et d'Arvert; ou bien Jeanne Baudouin de Laudouine, femme de Michel-Honoré Froger de La Rigaudière, officier de marine?

La dame JAULIN DEVIGNEMONT.   3   3

    D'une famille qui compte encore plusieurs représentants en Saintonge, entre autres : Henri Jaulin du Seutre de Vignemont, marié à Charlotte-Cora de Sarrau, fille de Louis-Isaac, comte de Sarrau, ancien officier au régiment de La Fère-infanterie, et d'Angélique Causia de Mauvoisin, dont deux enfants : 1° Ludovic Jaulin du Seutre de Vignemont, marié (1868) à d^{lle} Marie de Bruno; 2° Angèle Jaulin du Seutre de Vignemont, mariée à Jean-Marie-Gabriel-Alfred de Larrard. M. Henri du Seutre est frère de Marie-Josèphe-Augustine Jaulin du Seutre de Vignemont, qui a épousé (1837) Charles Horric de La Rochetolay.

Le s^r FREMEAU DE LA JOUSSELINIÈRE. . . 12   30
Domestique.   1   1

    Il faut peut-être lire *Fresneau* qui aura été mal lu? et il s'agit probablement d'un membre de la famille Fresneau de La Gataudière.

Le s^r ANCELIN DE SAVIGNÉ. 20   20
Domestique.   1   1

    Des Ancelin de La Garde et de Saint-Quentin, et peut-être Gabriel Ancelin de Savigné, qui comparait au ban de 1758.

La dame GABARRET. 10   10

    On trouve Suzanne Harouard, mariée à Gabriel

de Gabarret de Saint-Sorlin (Saint-Sornin), chevalier de Saint-Louis. Elle était fille de Pierre Harouard, et de Suzanne de Bernon. Mais il s'agit plus probablement ici d'Anne-Bénigne Baudouin de Laudouine, veuve en 1645 de Christophe de Gabarret, capitaine de vaisseau, époque à laquelle elle habitait Marennes; elle vivait encore en 1754.

Le s^r RICHIER, fils.	3	3

Jacques-Raymond, député de la sénéchaussée de Saintes en 1789.

SAINT-JUST.

Le s^r CHAMBON.	20	20
Domestique.	1	1

Doit être de la famille Ancelin de Saint-Quentin de Chambon, qui était possessionnée en la paroisse de Saint-Just. On trouve aussi Jacques-Joseph de de Montfriant, sgr de Chambon en 1751, marié à Henriette Tison; et Etienne de Montfriant, son frère, aussi qualifié sgr de Chambon en 1767, et marié à Marie Prévost.

BROUE.

La dame v^e LAMAUVINIÈRE.	15	15
Domestique.	1	1

Marie-Michelle-Louise de Melun, veuve de Louis-Auguste Ancelin, sgr de La Mauvinière (en la paroisse de Saint-Symphorien de Brouë), de Saint-Quentin, Mazerolles, Givrezac, etc., mort le 21 avril 1747; elle décéda le 6 avril 1765.

SAINT-SIMPHORIEN.

Le s^r ANCELIN DE LA BOSSE.	3	3

Peut-être Louis-Auguste Ancelin de La Bausse, qui comparait au ban de 1758.

SAINT-SORNIN.

Le sr BACHOUÉ. 6   6

N. de Bachoué, sgr de Feusse, capitaine-général des milices gardes-côtes de Marennes, marié avec Anne Boilève dont : Geneviève-Bénigne de Bachoué, mariée, le 19 octobre 1746, à Saint-Sornin, avec Charles-Henri Martin de Bonsonge.

SAINT-JEAN-D'ANGLE.

La dame DE CALVIMON DE TRANCART. . . 9   9

Peut-être Isabeau de La Porte-Puyferrat, mariée à Honoré de Calvimont, sgr de La Mothe-Montravel, ou sa belle-sœur, N. de Rosne, femme de François de Calvimont ? — Il faut sans doute lire *Les Tranquarts*, fief passé aux Calvimont par le mariage de Gabriel de Calvimont, sgr de La Mothe-Montravel, avec Catherine de Queux de Saint-Hilaire-des-Tranquarts (1664). Il fut le père des précédents qui n'auraient laissé que des filles.

Le sr TURMET DE MONTGUYON. 9   9
Domestique. 1   1

Turmet : *D'azur, à 3 colombes d'argent, 2 et 1, surmontées de 3 étoiles à six rais de même, posées en fasce.*

SOUBISE.

La dame DE SAINT-HILLAIRE. 10   10
Domestique. 1   1

Probablement Suzanne Du Quesne-Guiton, fille d'Abraham Du Quesne, mort lieutenant-général des armées navales en 1726, et de dlle de Voutron. Elle épousa Jacques de Queux, écuyer, sgr de Saint-Hilaire-en-Soubise, dont elle n'eut qu'un seul fils, lieutenant de vaisseau, marié à Suzanne Richier, qui fut sa première femme et qui lui laissa une fille : Suzanne de Queux, dame de Saint-Hilaire, mariée (1763) à Honoré Le Moyne de Sérigny, sgr de Loyre, lieutenant des vaisseaux du roi. — Le marquis de Saint-Hilaire de Queux, homme de lettres, doit être un représentant de cette branche de la famille de Queux qui paraît originaire de la ville de Saint-Jean-d'Angély.

SAINT-NAZAIRE.

Le sr VASSELOT-DUMAINE.   5   5

De la même branche que le suivant. — Le Maine-Baguet, paroisse de Saint-Pierre-de-Royan.

MOÏSE.

Le sr VASSELOT DE LA CHENAY.   3   3

Est-ce Gabriel Vasselot, écuyer, marié à d^{lle} Lefrancq dont il eut André Vasselot de La Chenaye (l'électeur de 1789), ou bien son père, Jacob Vasselot, écuyer, sr de La Chenaye, marié, à Moïse, 1697, avec Marthe Poulroux (ou Poulioux), fille de *Josué*, sr de La Grand-Maison, et d'Anne Texier? — *Jacob* était fils d'Arnaud Vasselot, écuyer, dit de La Chenaye, qui demeurait au Maine-Baguet, lorsqu'il épousa (1662) Anne Joubert, fille de *Daniel*, écuyer, sgr du Breuil, et d'Élisabeth Terry, et résidait à Moïse, en 1700, lorsqu'il fut maintenu par Bégon. Les branches de La Chesnaye et d'Annemarie, de ce nom de Vasselot, étaient issues de Guillaume Vasselot, 2e du nom, écuyer, vivant en 1360, qui rend alors hommage de l'hôtel de La Chesnaye, vulgairement appelé l'Aumosne, et qui se maria deux fois : 1° à Jeanne Poupart dont il eut *Guichard*, qui a continué la branche de La Chesnaye; 2° à Marguerite de Rochefort, qualifiée (par un mémoire domestique) dame d'Annemarie, dont il laissa *Pierre*, chef de la branche d'Annemarie qui était représentée en 1789 par Jacques-Marie-Alexis de Vasselot, lequel produit alors ses preuves pour être admis aux honneurs de la cour où il est présenté, le 27 janvier, avec le titre de comte de Vasselot. Il était fils de Jacques-René-François-Marie de Vasselot, dit le marquis d'Annemarie, sgr de Jazeneuil, etc., et d'Alexis-Françoise Petit de La Guierche, fille d'Alexis-Hardi Petit, chevalier, marquis de La Guierche, et d'Anne-Françoise de Granges-Surgères de Puyguyon.

ARVERT.

La ve du s^r DEQUEUX. 3   3

Peut-être Marie-Hélène Rivière, mariée à Paul de Queux, sgr de Sauvigné, capitaine-général des milices gardes-côtes de la principauté de Soubise, chevalier de Saint-Louis, mort le 14 octobre 1743 ?

LA TREMBLADE.

Le s^r DE LA JAUBERTIÈRE. 10   10

CHAILLEVETTE.

La dame v^e du s^r DUPAS DE FEU. 3   3

NOTRE-DAME-DE-L'ILE ?

Le s^r EASME DE LACROIX. 10   10
Domestique. 1   1

Le s^r EASME DE LACROIX, jeune. 3   3

L'un d'eux doit être Jacques-Philippe Easme de La Croix, garde-du-corps du roi, capitaine d'invalides, né à Étaules le 20 mars 1722, marié à Arvert, le 21 juillet 1753, à Marguerite de La Fargue, et décédé le 24 avril 1780.

LE CHATEAU-D'OLERON.

La dame DE SAINT-MICHEL. 3   3

Le s^r MICHEL DE SAINT-DIZANT. 30   30
Domestique.   2   2

 Barthélemy Michel de Saint-Dizant, baron du château d'Oleron, sgr de Bois-Roche, Saint-Trojan, Le Treuil, etc., capitaine-général des milices gardes-côtes de l'île d'Oleron, chevalier de Saint-Louis, ancien capitaine au régiment de Hainaut, mort à Dolus le 2 mars 1773, né à Saint-Pierre le 14 décembre 1688, marié à Marguerite-Geneviève de Guillem de Piton, fille de Jean-Louis de Guillem, baron de Piton, et d'Anne-Marguerite Danché. Il fut le père de Jacques Michel, baron de Saint-Dizant, l'électeur de 1789.

Le s^r MARBOEUF. 10   Mort.

 Probablement de la même famille que Louis-Charles-René, marquis de Marbœuf, gouverneur de la Corse, mort en 1788, protecteur de la famille Bonaparte. — Originaires du Poitou, et plus tard établis en Bretagne, les Marbœuf portaient : *D'azur, à 2 épées d'argent garnies d'or, passées en sautoir, la pointe en bas.*

La dame v^e DE LISSAC? (GISSAC?). 3   3

DOLUS.

Le s^r DAROU DUMONTET. 10   10

Le s^r MASSON DE LA SAUZAY. 40   40
Domestique.   2   2

 Sans doute Jean-Auguste Masson de La Sauzaye, qui comparaît au ban de 1758.

SAINT-PIERRE.

Le s^r DELACHASSSE DES TRICOTS. 10   10
Domestique.   1   1

OFFICIERS DE L'AMIRAUTÉ.

Le s^r GUILLET, lieutenant-général de l'Amirauté.	30	30
Domestique.	1	1

Sans doute de la famille Guillet de Lestang, encore représentée, et à laquelle appartenait Benjamin Guillet de Létang, seigneur de Blanchette, décédé dès 1775, que sa veuve, Françoise de Garsaud, plaide contre le sgr du Fouilloux en Arvert, au sujet de certains droits de fief réclamés par celui-ci. Françoise de Garsaud était remariée en 1780, à N. Lemousin de Nieuil, chevalier, sgr de Grassé, chevalier de Saint-Louis, et avait des enfants de son premier mariage.

Le s^r LORTIE DU MAINE, procureur du roy.	20	20
Domestique.	1	1

On trouve Angélique-Philiberte Lortie, veuve en 1784 d'Étienne de Mandeville, chevalier de Saint-Louis, et alors domiciliée à Brouage.

Le s^r MARQUARD, greffier.	10	10
La d^{lle} CAPRON, distributrice des lettres.	1	1
Somme totale du présent rolle, deux cent dix-neuf livres.		219^l
Quatre sols pour livre, quarante-trois livres seize sols.		43^{l}16^s

Au payement de laquelle somme et quatre sols pour livre seront les dénommés au présent rolle, contraints, chacun en droit, soit par les voyes ordinaires et accoutumées.

Fait et arrêté par nous, etc., intendant susdit, à Marennes, le cinq novembre mil sept cent quarante-neuf.

Signé : DE BLAIR DE BOISEMONT.

ÉLECTION DE BARBEZIEUX

(1761)

GARDE-COTES

NOBLESSE

Rolle de répartition arresté par nous intendant de la généralité de La Rochelle, de la somme de soixante-deux livres huit sols, pour laquelle les nobles de l'Election de Barbezieux doivent contribuer en l'année prochaine 1762, conformément à l'arrêté du Conseil du 28 juillet 1761, en payement des dépenses faites à l'occasion de l'assemblée des milices garde-côtes pendant la présente année, à laquelle répartition il a été par nous procédé ainsi qu'il suit :

BARBEZIEUX (LA VILLE).

Le s^r DETOYON . . . . 1^l 4^s

Peut-être Michel de Toyon, sgr de Brie, demeurant à Barbezieux en 1789, lorsqu'il assiste à l'assemblée électorale de Saintes ; ou plutôt Pierre Toyon, *de Barbezieux*, comparant au ban de 1758 ?

Le s^r DROUHET 1 4

Probablement Jacques-François Drouhet, qui comparaît au ban de 1758.

La ve du s^r DEFERRIÈRE . . . . » 14

Guy de Ferrière ?

ARTENAC.

Le sʳ FRADIN . . . . » 10

On trouve Jean Fradin au ban de 1758.

AUMONT ET RÉVIGNAC.

Le sʳ François MALBEC. . . . . » 4

François de Malbec comparait au ban de 1758.

BARRET.

Le sʳ SAULNIER DU COURRAUD . . . . . » 16

Est-ce Alexis Saunier du Couraud, présent au ban de 1758?

La dame vᵉ du sʳ DESGLENETS DES JARDS. » 4

Pierre d'Eglenest de Barret assistait au ban de 1758. C'est peut-être sa veuve.

BAZAC.

Le sʳ DE BAZAC 1 4

BERNEUIL EN BARBEZIEUX.

Les enfants du feu sʳ DE SAINT-AULAIRE DE PARSAY. . . . . » 16

Entre autres, dˡˡᵉ Catherine de Saint-Aulaire, représentée à l'assemblée électorale de Saintes, en 1789, pour son fief de Parsay?

Les filles du feu sʳ DEGRANGES. . . . . . » 2

La vᵉ du feu sʳ DE BELLUSSIÈRE . . . . . » 6

Le sʳ DE VILLAUTROY . . . . » 6

BRIE près ARCHIAC.

Le sʳ DE BEAUPOIL DE SAINT-AULAIRE . . 1 4

Charles de Beaupoil de Saint-Aulaire, sgr de

Brie, marié à Bénigne-Elisabeth de Campet de Saujon.

Le chevallier DE SAINT-AULAIRE . . . . .   »   16

    Sans doute *Guy*, frère cadet du précédent, et marié à Marie-Marguerite-Françoise Codère de Thury. (V. *La Noblesse de Saintonge en 1789).*

BRIE-SOUS-BARBEZIEUX.

Le s* DE LA TOUCHE DE BRIE   1   4

    Michel de Latouche de Brie-sous-Barbezieux comparaît au ban de 1758.

BROSSAC.

Le s* DELAAGE DE LA GRANGE . . . . . .   »   2

La v* du s* DELAFAYE.   1   4

    Elle devait être la mère de Joseph et de Jean-Jacques de La Faye, qui votent à Saintes en 1789, pour le fief de Brossac.

Le s* RESTIER, père. . . . .   »   4

    Peut-être Jean Restier, excusé au ban de 1758, comme *étant à pied.*

La v* du s* RESTIER DE LA VAURE fils . . .   »   4

Le s* DE RESTIER, fils, cy-devant gendarme. .   »   4

    Jacques de Restier de Lavaure, présent au ban de 1758.

CELLES.

Le s* SALBERT   1   »

Le s* SAULNIER DE PALIÈRE . . . . . .   »   16

CHALLIGNAC

Les sieurs et dame DE CURTON. . . . . . » 14

Ne serait-ce pas, entre autres, Pierre de Chièvres, chevalier, sgr de *Sallignac* (pour Challignac), de Curton, La Montagne, etc., capitaine au régiment de Rouergue-infanterie, chr de Saint-Louis, marié deux fois : 1° à Françoise-Scholastique Bonneau ; 2° en 1775, à Marie-Anne-Julie Venault dont nombreuse postérité encore représentée à Poitiers? — Il était fils de Jacob de Chièvres, sgr de Curton et de La Montagne, capitaine au régiment de Rouergue, et de Jeanne Labatud, mariée (1731). — Curton et La Montagne, sis en Challignac.

CHATENET-LEPIN.

Le sr DELATOUR . . . . » 2

Des La Tour du Timbre.

Le sr GUÉRIN DE BIZAC. . . . . » 12

La dlle GUÉRIN, sa sœur . . . . » 6

Ils étaient issus du mariage de Pierre de Guérin, chevalier, sgr de Bizac et Lestang, lieutent-général d'épée de la sénéchaussée de Saintonge, mort en 1737, et de Louise-Françoise de Mirande. Il serait difficile de dire s'il s'agit de *Pierre*, fils aîné, ou de l'un de ses frères aussi qualifiés sgrs de Bizac. Quant à la sœur, ce devrait être *Marguerite*, morte fille à Saintes, en 1786.

CHEPNIERS.

Le sr JEAN DE BEYNARD. . . . . » 4

CIERZAC.

La ve du sr THÉOPHILE DE LACOUR DE FONTAIMBERT. 1 4

Sans doute *Théophile*, sgr de Sussac et de Grosse-

Pierre, marié à Henriette de Franquefort. Il était fils d'autre Théophile de La Cour, s^r du Marais, et de Jeanne Roux, et fut père de Jean de La Cour, s^r de La Grosse-Pierre, né en 1739, marié (1784) à Marie Grenon, décédé 24 floréal an XI, laissant : Jean de Lacour, marié à Marie-Charlotte de Pindray, dont deux fils et une fille : *Guy-Auguste-Jean, Charles-Marie*, et *Angélique-Amélie*.

CLÉRAC.

La ve du s^r DE CALLIÈRES   1   4

Femme de *Jean* ou de *Charles* de Caillères qui avaient assisté l'un et l'autre au ban de 1758? — *Jean* était fils de François de Caillères, chevalier, sgr de Clairac, etc., membre de l'Académie française, successeur de Quinaut, et mort en 1717.

Le s^r DUBAU DE COULON . . . .   »   4

CONDÉON.

Le s^r DEVILLARDS-DEPINDRAY   1   14

Apparemment Elie-François de Pindray, excusé au ban de 1758, étant *asthmatique* ; il vote en 1789, à Saintes.

Le s^r DE LA ROCHEPIQUET DE S$_T$-MICHEL.   »   2

Les s^{rs} et d^{lles} DU COURET . . . .   »   2

Probablement François de Berthelot du Couret (électeur en 1789) et ses sœurs.

La ve du s^r HOULIES DE PLASSAC . . . .   »   16

Il faut lire évidemment *Houlier*, famille qui a possédé, en effet, le fief de Plassac, sans doute celui situé en la paroisse de Condéon.

CURAC.

Le s^r DELAFAURIE DE CURAC . . . . . .   »   2

FONTAINES.

La d^{lle} DE CONTENEUIL . . . . » 6

Peut-être une des filles de Jean-Baptiste-Laurent de Marbotin, chevalier, baron de Conteneuil, lieutenant des maréchaux de France à Bordeaux, ch^r de Saint-Louis, et de Marie-Anne de Spens d'Estignols, sa seconde femme.

GERMIGNAC.

Le s^r RIPE DE BEAULIEU. 1 8

Serait-ce Jacques de Ripes, écuyer, sgr de Beaulieu, marié à Marie Gaignon? Il est indiqué comme sgr de Beaulieu en 1764.

GUIZENGEARD.

Le s^r DES ROCHES . . . . » 6

LA CHAPELLE-MAGENAUD.

Le s^r DE St-MARTIN DE LA VIVETTERIE . . » 2

LA GARDE.

Le s^r DU BOIS DE LA GRAVELLE . . . . . » 2

Charles du Bois de La Gravelle, présent au ban de 1758?

NEUVIC.

Le s^r ROY DE MONVILLE. . . . . » 6

Pierre Leroy de Monville est présent au ban de 1758. — Famille représentée, de nos jours, par M. Leroy de Monville, à Cognac.

Le s^r DE BOISMORY. . . . . » 6

Ne serait-ce pas pour Boismorin?

ORIOLLES.

Le s^t DE COEFFARD. . . . .   »   12

De la famille Busson (ou Buisson) de Coiffard, qui est encore représentée dans le pays.

PARCOUL.

Le s^r DE MAYAC.   1   8

Sans doute Joseph-Alexis d'Abzac de Mayac, qui comparait au ban de 1758.

Le s^r DE QUINZAC. . . . .   »   16

Le s^r DE PARCOUL.   1   4

POUILLIGNAC-SOUS-MONTANDRE.

La dame v^e et enfants du s^r DAMBÉRAC. . . .   2   4

Marguerite du Vergier, mariée (1734) à Étienne-Jean de La Faye d'Ambérac, chevalier, sgr de Polignac et de Jussac, fils de Jean de La Faye, et de Marie-Angélique Le Vayer. Elle était fille de Lancelot-Anselme du Vergier, écuyer, sgr de Barbe et de Saint-Ciers, lieutenant des maréchaux de France, chevalier de Saint-Louis, et de Marie-Magdelène de Chesnel d'Écoyeux.

REIGNAC.

Le chevallier DE LA TAILLANDIE. . . . . . .   »   2

La ve du s^r FRADIN DU PÉRAT. . . . . . .   »   6

Est-ce Jean Fradin, présent au ban de 1758?

La ve du s^r MASSACRÉ DE LA RICHARDIE. . .   1   4

Le s^r DELAMOTHE-CRITEUIL. . . . .   »   6

Jean de La Mothe-Criteuil s'excuse au ban de 1758, *s'étant cassé la jambe à Saintes.*

ROUFFIGNAC.

Le sr DE CORMINVILLE. . . . .   »   6

   Probablement le même que celui qui comparaît au ban de 1758 et qui vote à Saintes, en 1789, pour son fief de La Salle.

Le sr DEMORZAC.   1   4

   André de Toyon, présent au ban de 1758, marié à Thérèse Fradin, laquelle vote, par procureur, à l'assemblée de Saintes, en 1789.

Le sr DE BEAUCHAMP. . . . .   »   2

   La famille de Beauchamps possédait alors le fief du *Breuil* en Rouffignac.

SAINT-AVIS.

Le sr DEPOUILLAC, ancien lieutenant des maréchaux de France.   2   4

   Évidemment Daniel-Louis de Poncharal, marquis de Pouliac, qualifié (1763) *ancien* lieutenant des maréchaux de France en Saintonge, et marié à Marguerite d'Averhoult de Martimont, dont il aura eu : 1° Jean-Baptiste de Poncharal, marquis de Pouliac, lieutenant des maréchaux de France en Saintonge, marié, à Amboise (1750), à Marie-Louise-Paule Bourard de Martigny, qui, vers cette époque (1761), demande séparation de corps et de biens ; 2° Marguerite-Rosalie de Poncharal, mariée avant 1746, à Louis-François-Ignace du Vergier, sgr-marquis de Barbe, etc., lieutenant des maréchaux de France à Bordeaux. De *Jean-Baptiste* devait descendre N. de Poncharal, marquis de Pouliac, mort à Bellevue, commune de Saint-Avit, vers 1830, laissant deux fils et une fille, mariée à N. de Lagrange dont postérité. — L'un des fils, Louis de Poncharal, est mort célibataire, et l'autre, Zénon de Poncharal, a laissé aussi une fille et deux fils ; l'un d'eux est employé à la maison des aliénés de......, près La Couronne.

Le s^r DEMOREL DE LAMAUX. . . . . » 14

SAINT-AULAY.

Le s^r DEMONTALAMBERT. . . . . » 16

N'est pas indiqué dans la généalogie de cette maison.

La ve du s^r DUVIGIER DE LA COUR . . . . » 16

Il faut lire Vigier de La Cour, de la branche des seigneurs de la Cour (par. de Brossac) et de Durfort (par. de Guizengeard).

Le s^r DUBOIS DELAGRAVELLE, fils. . . . . » 6

Peut-être Charles du Bois de La Gravelle, électeur en 1789.

Les enfants du feu s^r DELAAGE DE FONTENILLE. . . . . » 2

SAINT-EUGÈNE.

Le s^r CAMPET DE FRIDOUVILLE. . . . . . . » 2

François de Campet, sgr de Frédouville.

SAINT-LAURENT-DE-ROCH.

Le s^r STAFFE DE SAINT-ALBERT. 1   4

Henri de Staffe de Saint-Albert, écuyer, sgr du Jars en 1760, qui comparaît au ban de 1758, et avait épousé Suzanne Chapuzet dont entre autres enfants, Jacques de Staffe et Marie de Staffe, mariée (1761) à Jean-François-Guy de Belleville, chevalier, sgr du Pinier.

Le s^r DE BEAULIEU. . . . . » 16

François de Rippe de Beaulieu.

Le sr GUÉRIN DE MONVALLON. . . . . . . » 6

Antoine-Henri de Guérin, écuyer, sgr de Bizac et de Montvallon, présent au ban de 1758; mort en 1790. Il était fils de Pierre de Guérin, chevalier, sgr de Bizac et de Lestang, lieutenant-général d'épée de la sénéchaussée de Saintonge, et de Louise-Françoise de Mirande, et semble s'être mariée deux fois : 1° à N. Voisin; 2° (1784) à Jeanne - Élisabeth Laugerat, veuve de Pierre-Michel Méhée, écuyer, sgr de l'Estang.

SAINTE-LEURINE.

Le sr DE BELLEVILLE. 1 8

Probablement Antoine de Belleville, sr de Saint-Valery, mort célibataire, et fils d'Antoine-Timothée de Belleville, sgr de Saint-Seurin et de La Mothe (en Sainte-Lheurine), et d'Hieronime de Montauld, dame de La Motte, mariée en 1709.

SAINT-MARTIAL-DE-COCULET.

Le sr DE PUYMARTIN. . . . . » 16

SAINT-MARTIN-D'ARY.

Le sr MALLET DE PUYVALLIER. . . . . . » 16

François de Mallet, écuyer, sgr de Puyvallier et de La Magdelène (paroisse de Saint-Martin-d'Ary), marié (1737) à Catherine de Guérin, fille de *Pierre*, sgr de Bizac, etc., et de Louise-Françoise de Mirande, dont au moins quatre enfants : 1° Louis-François de Mallet, chevalier, sgr de La Vaurre, domicilié paroisse de Chillac en 1780 ; 2° Louis de Mallet, sgr de Puivallier, chevalier de Saint-Louis, lieutenant des vaisseaux du roi, marié à Marie-Anne-Jeanne Payen de Noyant dont deux filles, *Louise*, mariée à M. de Leybardie, et *Catherine (aliàs Marie-Louise)* Mallet de La Madelène, mariée à

Louis de Caillères de Clérac; 3° autre Louis de Mallet, chevalier, capitaine aux grenadiers Hessois du prince de Hesse-Cassel; 4° Marie de Mallet, vivant en 1780.

SAINT-MÉDARD-EN-BARBEZIEUX.

Le s^r GOY, chevallier DE FERRIÈRE. . . . . » 6

Lisez Guy de Ferrière.

SAINT-PALLAIS-DE-NÉGRIGNAC.

Le s^r HILLAIRET DE BOISFERRON. . . . . » 14

Sans doute François Hillairet, s^r de Maisonneuve de Joriac, etc., marié à Marie de Caillères, et père de *Jean-François*, l'électeur de 1789. Il était fils de Jean Hillairet, s^r de Boisferron, marié à Gabrielle Doynard, et mort à Saint-Pallais de Négrignac, en 1730. — Hillairet : *D'or, au léopard de sable, au chef de même, chargé d'un gantelet d'argent.*

SAINT-SEURIN ET AUVIGNAC.

Les enfants de feu s^r DEPRESSAC. , ... » 2

Est-ce Jacques de Pressac, déjà infirme en 1758 et alors excusé comme tel au ban de Saintonge ?

Le s^r ÉTIENNE MEHÉE. . . . . » 2

Peut-être Étienne Mehée de Lestang, présent au ban de 1758.

SAINT-VALLIER.

Le s^r DE SAINT-VALLIER, père. . . . . . . » 10

La ve du s^r DE SAINT-VALLIER, fils. . . . . » 10

On trouve François Duverdier de Saint-Vallier, ancien capitaine d'infanterie, excusé par son grand âge au ban de 1758.

SAINT-VIVIEN-DE-CHAMPONS.

La demoiselle LOIZELOT-DUBREUIL. . . . . . » 6

SALLES.

Le s^r JACQUES DE RANSANNES . . . . . . » 2

Le s^r MARC DE RANSANNES. . . . . . . » 2

Le s^r HENRY DE SAINT-MARTIN DE PUY-
MOREAU. . . . . » 4

SÉRIGNAC.

Le s^r DE SAINT-PIERRE. . . . . » 6

Le s^r DUVIVIER, seigneur de Sérignac. . . . 1 4

SOUMOULINS.

Le s^r DE BONNEVIN. 2 4

Probablement Bernard de Bonnevin, l'électeur de 1789.

VALLET.

Le s^r DE FLAMBART. . . . . » 4

Ce doit être François de Flambart, sgr de Bessac, mort en 1772.

VASSIAC-SOUS-MONTGUION.

Le s^r DE CIVATTE 3 4

LE s^r DUBOIS DE RIPE . . . . » 6

VIBRAC.

Le s^r PHILIBERT DE FLAMBART, sgr de
Vibrac. 1 8

VILLEXAVIER.

Le sr DE SAINT-SIMON 5   12

Louis-Gabriel de Saint-Simon, né en 1717, mort en 1775, avait épousé d{lle} Pineau de Viennay dont il eut : Claude-Anne de Rouvroy, duc de Saint-Simon, grand d'Espagne, né en 1743 et mort à Madrid en 1826. (V. la *Biographie Saint.*).

XANDEVILLE.

Le sr DEGLENETS . . . .   »   »

Peut-être Pierre de Glenest, présent au ban de 1758.

Somme totale du présent rôle, soixante-deux livres huit sols au payement de laquelle seront les y dénommés contraints chacun en droit, soit par les voyes de droit.

A La Rochelle, le 24 octobre 1761.

Signé : BAILLON.

ÉLECTION DE BARBEZIEUX

CAPITATION
1762

PRIVILÉGIÉS

Rôle de capitation des officiers privilégiés de l'Élection de Barbezieux pour l'année 1762.

BARBEZIEUX.

Le s^r BANCHEREAU, président de l'Élection.	30[1]
Domestiques	2
Doublement.	30
Le s^r AUGEREAU, lieutenant de l'Élection.	20
Domestiques	2
Doublement.	20

Jean Augereau, conseiller du roi, lieutenant en l'Élection particulière de Barbezieux, marié à Marie-Magdeleine Daudenet de La Touche, en eut quatre enfants : 1° *Pierre*, médecin au Grand-Village, mort sans enfants ; 2° *Jean*, avocat et propriétaire à Lamérac, n'a laissé que deux filles ; 3° *Marie*, morte sans postérité de son mariage avec N. Lomandie ; 4° François Augereau, propriétaire à La Touche, marié à Elisabeth Bergerat, dont cinq enfants : *a.* Marie Augereau, mariée à M. Paulet, dont neuf enfants ; *b.* Pierre Augereau, chanoine honoraire, ancien aumônier de l'hospice de Saintes, décédé en cette ville le 19 juin 1867, âgé de soixante-treize ans, et laissant une mémoire vénérée; *c.* Marie-Éléonore Augereau, morte en août 1866, âgée de soixante-et-onze ans, laissant de son mariage avec J.-B.-Michel Tercinier une nombreuse postérité; *d.* Adèle Augereau, veuve sans enfants du docteur Forreau; *e.* Théophile Augereau.

Le s^r BANCHEREAU, procureur du roy de l'Élection.	20
Domestiques	2
Doublement.	20

Le s^r VILLEFUMARD, greffier de l'Election	8
Doublement.	8

Le s^r DRILHON, substitut du procureur du roy de l'Élection.	6
Doublement.	6

Le s^r DRILHON, avocat, directeur de la Poste	6
Doublement	6
Triplement.	6

Ancienne famille qui n'a cessé de jouir d'une grande considération et d'une notoriété marquée depuis au moins le xviie siècle. On la trouve établie à Barbezieux dès 1668. En 1698, vivaient en cette même ville : Jean Drilhon, avocat; Mathias Drilhon, sieur des Durandes, et Zacharie Drilhon, sieur de Pinginard (ou Puygemart?). Ils devaient être fils de Samuel Drilhon, sgr de Puygemart, avocat en Parlement, conseiller du Roi, lieutenant-particulier à Barbezieux, et de Renée de Chièvres qu'il avait épousée en 1668, et qui était fille de Pierre de Chièvres, sgr de Rouillac, et d'Éléonore de Montalembert de Vaux. — La famille Drilhon était représentée, il y a quelques années, par quatre frères, MM : 1° P. Drilhon, aîné, avocat renommé et justement considéré au tribunal de Saintes. De son mariage avec d^{lle} Brunet, il a laissé un fils unique, M. Paul Drilhon, notaire à Saintes, marié à demoiselle Leesemberg, dont plusieurs enfants, entre autres, M. Édouard Drilhon, marié à d^{lle} Jaulin-Duseutre;

2° Eutrope Drilhon, décédé à Barbezieux, laissant deux fils, MM. Aubin et Izidore Drilhon ; 3° Mathieu-Benjamin Drilhon, notaire, mort à Saintes en 1864, laissant un fils, M. Louis Drilhon, notaire à Saintes, marié à d^{lle} Hamon; 4° P.-J. Drilhon, ancien avoué près le tribunal de Saintes, décédé en 1866, marié à d^{lle} Patour dont, entre autres enfants, M. Paul Drilhon, avoué-licencié à Saintes, marié à d^{lle} Béraud, de La Rochelle.—Armes ; l'Armorial de 1696 donne : Jean-Zacarie Drilhon, s^r de Pinginard, et Pierre Drilhon, de Barbezieux : *de sinople, au cerf d'or.*

Le s^r COQUET, m^{tre} de postes.	6
Doublement.	6

Il faut lire Loquet, (voir rôle de l'Election de Saintes, *Privilégiés*, article Barbezieux). Il était d'une famille protestante anciennement établie dans cette ville et à laquelle appartenaient : Loquet, notaire royal en 1598 ; Samuel Loquet (1599); Isaac Loquet (1601) ; Loquet, médecin, et scribe du consistoire (1626); Loquet, avocat (1680); Olivier Loquet, avocat (1698), etc., etc. (V. *Chronique protestante de l'Angoumois*, par V. Bujeaud, p. 220.)

ARTENAC.

Le s^r Claude DUVAU, référendaire	20
Domestiques.	2
Doublement.	20
Triplement	20

CIERZAC ET BEDENAC.

Le s^r DENIAU, maître de postes	6
Doublement.	6

MONTLIEU.

Le s^r RICHARD, maître de postes	6
Doublement.	6

REIGNAC.

La v⁰ du sʳ MALA DE L'AUNY, maître de postes . . 6
Doublement. 6

  Somme totale, trois cent deux livres 302ˡ
  Quatre sols par livre, soixante livres huit sols. 60ˡ 8ˢ

        Total général. . . 362ˡ 8ˢ

Somme totale du présent rôle, trois cent soixante-deux livres huit sols, au payement de laquelle seront contraints chacun en droit soi par les voyes accoutumées.

Fait à La Rochelle, le 24 octobre 1761.

      Signé : BAILLON.

TABLE ALPHABÉTIQUE

Contenant les noms des Nobles de la province de Saintonge, maintenus par d'Aguesseau (1666-1667), ainsi que l'indication de la Paroisse et de l'Élection de leur résidence, et le blason de leurs armes *(a)*.

—

ÉLECTION DE SAINTES.

A

St-Cire . . . . . DE L'AIGLE, s^r de l'Aumonerie.

Armes : *de gueules, à une aigle éployée d'argent.*

St-Simphorien-de-Broue. . . ANCELIN, s^r de la Morinière (Mauvinière).

Armes : *de gueules, à un lion rampant d'or, contourné, armé et lampassé de même.*

Curat. . . . . D'ANGOULÊME, s^r de Curat.

Armes : *de gueules, à 5 lozanges d'argent en fasce.*

(a) Cette table, extraite du registre de la *Maintenue* de d'Aguesseau pour la généralité de Limoges, ayant été empruntée à une copie mss. fort inexacte, contient plusieurs erreurs de détail contre lesquelles le lecteur devra se tenir en garde, notamment en ce qui concerne la partie héraldique. Nous avons cherché parfois à rectifier ou à signaler ces nombreuses inexactitudes par des notes succinctes placées entre parenthèses.

Rouffignat. . . ARNOUL, sʳ de la Salle.

    Armes : *d'argent, à 7 lozanges de gueules, 4, 3, et une en pointe (sic).*

Arces. . . . . . ARNOUL, sʳ de Vignol et de Nieul.

    Armes : *d'argent, à 7 lozanges de gueules, 3, 3, 1.*

St-Georges-de-Cubillac. . . AUDEBERT, sʳ de la Vigerie.

    Armes : *d'azur, à la croix en sautoir d'or.*

Lonzat. . . . . SAINT-AULAIRE, sʳ de la Dixmerie.

    Armes : *de gueules, à 3 couples de chiens d'argent, 2 et 1.*

B

St-Georges-des-Couteaux. . . BADIFFE, sʳ du Maine.

    Armes : *d'azur, à une levrette d'argent, accolée de sable.*

Rignac. . . . . BARBARIN (Barberin), sʳ de Vessac.

    Armes : *d'argent, à 3 mouches à miel de sinople, 2, 1, surmontées d'une étoile de gueules.* — Nota que le dessin des armoiries dans le corps de la maintenue donne : *de gueules, au barbarin (poisson) d'argent;* mais sans doute par erreur, car il faut évidemment lire *Barberin* au lieu de *Barbarin*.

Chasnier. . . . BAYNAT, sʳ de l'Houmade.

    Armes : *de gueules, à un renard d'argent.*

Bussat. . . . . BEAUCHAMPS, s^r de Bussat.

    Armes : *d'azur, à une aigle éployée d'argent.*

Marignat. . . . BEAUMONT de Gibaud et de Condéom.

    Armes : *d'argent, au lion rampant de gueules, lampassé et couronné d'or, accoté d'azur; supports, 2 sauvages.*

Arnaud. , . . . BEAUMONT des Béchaudières.

    Armes : *d'argent, au lion rampant de gueules, armé, couronné, lampassé d'or, à la bordure d'azur.*

Salignat. . . . BELLEVILLE de Caubourg.

    Armes : *Gironné de 10 pièces d'or et d'azur.*

Condéom. . . . BERTHELOT, s^r de la Baronie.

    Armes : *de gueules, au lion d'or, au chef cousu d'azur, chargé de 3 bezants d'or.*

Gemonzat. . . DE BLOYS, s^r de Seudre.

    Armes : *d'argent, à la fasce d'azur, chargée de 3 étoiles d'or.*

Chierzat. . . . BOISMORIN, s^r de Chazelles.

    Armes : *d'azur, au porc-épic d'or.*

St-Martin-d'Arry. BONNEVIN, s^r de Jussat.

    Armes : *d'azur, au chevron d'argent, accompagné de 3 étoiles d'or.*

Courpignac. . . BONNIOT, s^r des Essards.

    Armes : *d'azur, au chevron d'or, accompagné de 2 merlettes becquées et pattées* (sic) *de même en chef, et d'un lion rampant de même en pointe.* — Le dessin donne : *d'azur, au sautoir d'or, acompagné en chef de 2 merlettes de même.*

St-Cezaire. . . . DU BOULET, s^r du Coudre.

Armes : *d'argent, à la bande d'azur, chargée d'une fleur d'or et de 2 bezants de même, sur (au-dessus de) laquelle est un cygne d'azur; au chef de gueules, chargé d'un bezant d'or.*

Ars (b). . . . . . BRESMOND, s^r d'Ars.

Armes : *d'azur, à une double aigle d'or.*

Solignone. . . . LE BRETHON, s^r des Marais.

Armes : *d'argent, à un roseau de sinople tigé en pal; une étoile de sable en chef, et un lion de gueules rampant contre le roseau.*

Grezat. . . . . LE BRETHON, s^r d'Aumont.

Armes : *d'azur, au roseau d'or supporté par un lion d'or à dextre et par un renard d'argent à sénestre; une étoile d'or en chef.*

St-Surin. . . . BRETINAUD, s^r de Saint-Surin.

Armes : *d'azur, à 3 hures de sanglier d'argent, 2 et 1.*

(b) La paroisse d'Ars ayant toujours fait partie de l'élection de Cognac, il faut qu'il y ait eu erreur de la part de l'expéditionnaire qui aura transposé en l'élection de Saintes l'article des seigneurs d'Ars, à moins que, comme seigneurs de La Garde-Merpins (paroisse de Pérignac), ils n'aient été compris dans cette dernière élection? — Une branche de cette même famille habitait bien dès-lors le château d'Orlac en Saintonge, mais la filiation fournie par la *Maintenue* d'Aguesseau est celle des seigneurs d'Ars en Angoumois.

Chenat. . . . . DU BREUIL de Beaulieu.

Armes : *Parti, au 1ᵉʳ d'azur, à 3 bandes d'argent; au 2ᵉ d'argent, au lion rampant d'azur, contourné, lampassé de sable; au chef cousu d'azur, chargé de 3 étoiles d'argent.*

Plassat. . . . . DU BREUIL de Fonreaux.

Armes : *d'azur, à la bande d'argent.*

Meschay. . . . DU BREUIL de Théon.

Armes : *d'argent, à la bande d'azur; une étoile en chef et une en pointe (de gueules).*

. . . . DU BUISSON, de La Rocque.

Armes : *d'azur, à 7 étoiles d'or en bande et une en pointe.*

Tenat. . . . . . BUREAU, de Lormont.

Armes : *D'argent, au lion rampant de gueules, couronné d'or.*

Orioles. . . . . BUSSON, sʳ de Coaffard.

Armes : *d'azur, à la bande d'argent, chargée de 6 chevrons renversés de gueules, accompagnée d'un sénestroche de carnation, tenant 2 bouts de lance d'argent et un sautoir* (sic) [sans doute pour *en sautoir*].

C

Clérac. . . . . CAILLÈRES, sʳ de Clérac.

Armes : *d'argent, à 3 fasces contre-brettessées de sable.*

Semussac. . . . . CAMPET, sʳ de Saugeon.

> Armes : *d'azur, à la fasce d'argent, accompagnée d'un croissant en chef et d'une coquille en pointe, de même.*

Arces.. . . . . . CERETANY, sʳ du Breuil.

> Armes : *d'azur, à une bande d'or chargée de 3 chênes de sinople.*

Villars. . . . . LA CHAPELLE, sʳ de Seugnat.

> Armes : *d'or, à 2 fasces de gueules, 3 tourteaux en chef, et un en pointe* (sic). — Le dessin ne donne que 2 tourteaux en chef, au lieu de trois.

Narsillat. . . . CHIÈVRES, sʳ de Saint-Martin.

> Armes : *d'argent, à une aigle de sable, membrée et onglée de même.*

Meux.. . . . . . CHRESTIEN, sʳ de Langlade.

> Armes : *d'azur, à 3 besants d'argent, 2 et 1.*

Rieu-Martin.. . DU CLADIER, de l'Estang.

> Armes : *de gueules, à la tour d'argent, crénelée et maçonnée de sable; une étoile d'or en chef, et une colonne de même au côté droit de la tour.*

Salles. . . . . LA COUR, sʳ de Jussat.

> Armes : *palé de gueules et d'argent, à 6 piles.*

Poulignat.. . . . COURAUD, sʳ de Birat.

> Armes : *d'azur, à un épervier perché d'or, au vol abaissé, becqué et onglé d'argent.*

Tezat. . . . . . CRESPIN de la Chabosselaye.

> Armes : *d'azur, à un chevron d'or, accompagné de 3 pommes de pin de même.*

Virolet. . . . . . CUMONT, s^r de Taillant.

> Armes : *de gueules, à la croix ancrée d'argent; une croix de sable pour cimier : 2 anges pour supports.* — Le dessin donne la croix alésée et non pas ancrée.

D

Saint-Palays. . . D'AULNIX, s^r de la Bourouille.

> Nil.

Chillat. . . . . . DESMIER, s^r de la Vaure.

> Armes : *d'azur, à une fleur de lis d'or, écartelé de gueules, à une fleur de lis d'argent; supports, 2 lions.*

Germineaux. . . DUBOIS, s^r de la Motte.

> Armes : *d'argent, à l'aigle de sable, au vol abaissé, tenant un rameau de gueules au bec.* — Le dessin donne : *d'or, à 3 tourteaux de sable.*

Orioles. . . . . . DUCLOU, s^r de Boismorand.

> Armes : *d'azur, à l'aigle éployée d'argent, membrée de gueules, et une étoile d'or en chef.*

Corme-Royal. . . DUHAMEL, s^r des Rouleaux (des Roseaux ?).

> Armes : *d'azur, ondé d'argent en pointe, à une grange en dessus, maçonnée de sable, chargée de trois girouettes d'or.*

Saint-Just.. . . . DUJON, sʳ du Souloir.

Armes : *d'azur, au chevron d'or.*

Sérignat. . . . DUPONT, sʳ de La Garde.

Armes : *d'azur (d'argent), à 4 chevrons de gueules.*

Arthenat. . . . DUSAULT, sʳ de La Mirande.

Armes: *de sable, à l'aigle éployée d'argent.*

E

Périssat. . . . ESTÈVE, sʳ de Langon.

Armes : *de gueules, emmanché d'argent, à 7 piles à sénestre.*

F

Saint-Georges. . FAUCON, sʳ de Courpraie.

Armes : *d'azur, à la croix d'or, écartelé de même, à 3 fleurs de lis d'or, 2 et 1, mêlées de 3 tours d'argent, maçonnées et écartelées de sable, 1 et 2.*

Sussat. . . . . LA FAYE, sʳ d'Ambeyras.

Armes : *de gueules, à la croix ancrée d'argent, au lambel à 5 pièces de même.*

Saint-Martial. . FERRIÈRES, sʳ de Fargues.

Armes : *d'azur, à la bande d'or, écartelé d'argent, à 3 chevrons de gueules.*—Le dessin donne : *d'azur, à 3 chevrons de gueules, à la bande d'or brochant sur le tout.*

Meursac. . . . . FILLEUIL, sʳ de La Mothe-Meursac.

        Armes : *d'azur, à une lance d'or en bande, et 2 molettes d'éperon d'argent.*

Vibrat. . . . . . FLAMBARD, sʳ de Lisle-Marie.

        Armes : *d'azur, à 5 flammes d'or en pointe, et 2 étoiles de même en chef.*

Saint-Cire. . . LE FORESTIER, sʳ de La Boudouaire.

        Armes : *d'argent, au lion rampant de gueules, armé, couronné et lampassé de même.*

Guillonjard.. . FOURNOUX, de Guillonjard.

        Armes : *échiqueté d'argent et de gueules; supports : 2 lions.*

Solignones. . . FRANCFORT, sʳ de la Vergne.

        Armes : *d'azur, au chevron d'or accompagné de 2 étoiles de même; en pointe, un lion d'or couronné, lampassé de gueules.*

G

. . . . GAILLARD, sʳ de Saint-Dizant.

        Armes : *d'azur, à la fasce d'or surmontée d'un chevron de même en chef.*

Tezat.. . . . . . GALLET, sʳ de Tezat.

        Armes : *d'or, au chevron de gueules accompagné de 3 coqs de sable, pattés, becqués et crétés d'or.*

Rignat. . . . . . GALLIOT, sʳ de Mayat.

> Armes : *d'azur, à une tête de licorne d'argent, soutenue par une petite croix alésée de même en pointe.*

. . . . SAINT-GELAIS, sʳ de Montchaude.

> Armes : *écartelé aux 1 et 4 d'azur, à la croix d'argent; aux 2 et 3 d'azur, à 2 fasces d'argent.*

. . . . GELINARD (Gelinaud) de Malleville.

> Armes : *écartelé aux 1 et 4 d'azur, à 3 palmes d'or en fasce; aux 2 et 3, contre-écartelé d'or et de gueules.*

Clérac.. . . . . GÉRARD, sʳ de La Valade.

> Armes : *d'azur, à 3 chevrons d'or.*

Dolus en Oleron. GIRAUD, sʳ de La Grange.

> Armes : *d'argent, à une eau d'azur en pointe sur laquelle nage un cygne d'argent entre 2 roseaux tigés.*

Saint-Laurent-du-Roc. DU GLENEST, sʳ de Jars.

> Armes : *d'argent, à 4 flèches emplumées de sable, 2 et 2, écartelé de même, à 3 flèches aussi emplumées de sable, 2 et 1.*

Sᵗᵉ-Gemme. . . . GOMBAUD, sʳ du Fresne.

> Armes : *d'azur, à 4 pals d'argent.*

Vieux-Ruffet. . . GRAIN de Saint-Marsault, sʳ de La Feuillade (La Feuilleterie).

> Armes : *de gueules, à 3 demi-vols d'or.*

Salignat. . . . . GRAIN de Saint-Marsault, s^r d'Estré.

        Armes : (ut suprà).

Bois. . . . . . . DU GRAVIER, s^r de La Barde.

        Armes : *d'argent, semé d'hermines, au lion rampant de gueules, lampassé de même; supports : deux griffons ailés.*

Chenat. . . . . . GRESNIER, s^r de La Sausaye.

        Armes : *d'azur, à 3 chiens courants d'argent.*

Breuillet. . . . . GUA, s^r de La Rochebreuillet.

        Armes : *d'argent, à 3 chevrons de gueules.*

Agudelle. . . . . GUINANSON de Boisgaillard.

        Armes : *d'azur, à 3 renards effarés d'argent, armés et lampassés de gueules.*

Tesson. . . . . . GUINOT, s^r de Tesson.

        Armes : *d'argent palé de 4 pals d'azur, au chef d'azur chargé de 3 étoiles d'or.*

Rioux. . . . . . GUINOT, s^r de Rioux.

        Armes : (ut suprà).

Dolus. . . . . . GUY, s^r de La Guinalière.

        Armes : *d'argent, à un homme de carnation, naissant d'un gui de sinople.*

Champniers . . GUY, s^r de Puy-Robert.

        Armes : *d'argent, à 3 boucles de gueules, 2 et 1, au chef d'azur.*

        Nota qu'il y aura eu ici erreur de classification ; l'article de ce *Guy* doit être probablement reporté à l'élection d'Angoulême ?

Dorlant.. . . . . GUYTON DE MAULÉVRIER.

Armes : *d'argent, à l'aigle de sable, becquée et onglée de même.*

H

Pons. . . . . . . LE HARDY, s^r de La Roche.

Armes : *de gueules, au chevron accompagné de 2 lions rampants d'argent, lampassés de sable, affrontés en chef, et 2 autres de même en pointe.*

Montlieu. . . . HILLARET, s^r de Cailleau.

Armes : *d'or, au léopard de sable, au chef de même chargé d'un gantelet d'argent.* — Le dessin donne *le chef plein d'argent engrelé.*

J

Resteau.. . . . . JOUBERT, s^r de Saint-Christophe.

Armes : *d'azur, à 2 fers de pique d'argent mis en barre, au franc-quartier de gueules, à une aigle éployée d'or.*

L

Brossat. . . . . DE LAGE, s^r de La Grange.

Armes : *d'argent, à un épervier au demi-vol d'azur, perché sur un poisson de même.*

Bois . . . . DE LAGE, sʳ d'Asnières.

> Armes : *d'or, à une aigle éployée de gueules, pattée et becquée de sable.*

Chailliers (Chaillevette). SAINT-LÉGER, de Beauregard.

> Armes : *de gueules, à la croix d'argent remplie d'une autre petite croix d'azur, cantonnée de 4 fleurs de lis d'or.*

Nieuil. . . . . LEMOUZIN, sʳ de La Michelière.

> Armes : *d'azur, à un croissant d'argent en pointe et 2 étoiles de même en chef.*

Chenat. . . . . DE LISLE, sʳ de La Renaudie.

> Armes : *de gueules, à 2 chevrons d'or accompagnés de 3 croissants d'argent, 2 et 1, soutenus d'une croix ancrée d'or aussi en pointe.*

Saint-Georges (d'Oleron). LOUBERT, sʳ de Machiers (Marches?).

> Armes : *d'azur, à 5 épis d'or, 3 et 2.*

Marennes. . . . LA LOUE, sʳ de La Lande.

> Armes : *d'azur, à 3 alouettes pattées et becquées d'argent, 2 et 1.*

Médis . . . . . LUCHET, sʳ de La Mothe.

> Armes : *d'argent, à un lion rampant de gueules, armé, lampassé et couronné de même.*

M

Saint-Georges.. MAREUIL, sʳ de Segonzat.

    Armes : *de gueules, à un lion rampant d'azur* (sic), *armé, lampassé et couronné d'or, au chef d'argent.*

Saint-Palais. . MARIN, sʳ de Saint-Palays.

    Armes : *de gueules, à un lion rampant d'argent, contourné, armé et lampassé de sable.*

La Chapelle.. . SAINT - MARTIN DE LA VINCTERIE, (Vineterie ?).

    Armes : *d'azur, à une croix d'argent et un lambel à 2 piles en chaque canton de même.* — Le dessin donne une croix alésée et le lambel à 3 pendants.

Gay (Geay?). . SAINT-MARTIN DU PARC.

    Armes : *d'azur, à 3 roses d'argent, 2 et 1.*

Tain. . . . . . MATHIEU DE JAGONAS.

    Armes : *d'azur, à 3 poissons vifs d'argent, 2 et 1.*

Le Gua.. . . . SAINT-MATHIEU, sʳ de Birat.

    Armes : *d'azur, à un lion rampant d'or, lampassé de même, cantonné de 4 fleurs de lis d'or.*

. . . . SAINT-MATHIEU, sʳ des Tousches.

    Armes : *d'azur, à un lion rampant d'or,*

lampassé de même, onglé de sable, cantonné d'une fleur de lis (d'or) à chaque canton.

Arvert. . . . . DE MEAUX, sʳ de Rudefontaine.

Armes : *d'argent, à 5 couronnes d'épine de sable,* 2, 2, 1.

Chantillac. . . MERCIER D'AUTEFAYE.

Armes : *d'azur, à un lion contourné d'or, couronné de même, armé et lampassé de gueules.*

St-Dizant-du-Gua. MINVILLE, sʳ d'Escuras.

Armes : *d'argent, à 3 merlettes de sable en pal, ni pattées ni becquées.*

Saint-André. . . MONFERMY, sʳ de la Barre.

Armes : *d'azur, à un lion rampant d'or, armé de sable, à 3 étoiles d'argent en chef.*

Condéom. . . . MONTGRAND, sʳ de Montsoraud.

Armes : *de gueules, à un monde d'or.*

Saint-Sornin. . MOREAU, sʳ de Panloy.

Armes : *d'or, à un lion rampant de sable, armé, lampassé et couronné de gueules. Deux lions de sable pour supports.*

Sainte-Aime. . MOREL, sʳ de Lamand.

Armes : *d'argent, à une aigle de sable en bande, écartelé d'or, à 3 fleurs de lis de sable 2 et 1.* — Le dessin donne : *d'argent, à la croix de.....*

N

Guillonjard.: . NOURIGIER, sr de Jousseran.

Armes : *d'or, à une bande danchée de gueules, accompagnée de six merlettes de sable, ni pattées ni becquées, en orle.*

Sainte-Aulaye. . NOURIGIER, sr de Sainte-Aulaye.

Armes : *d'or, à une bande danchée de sable, accompagnée de 6 merlettes de sable ni pattées ni becquées, 2 et 1 au 1er canton, et 3 mal ordonnées au 2me, à la bordure de gueules.*

. . . . DE NOUVEAU.

Armes : *écartelé, aux 1 et 4, d'azur, au lion rampant d'or, lampassé de gueules; aux 2 et 3, aussi d'azur, à un vase d'argent.* — Le dessin donne : *aux 2 et 3, d'azur, à la rose d'argent.*

P.

Saint-Simon. . . DU PERRIER, sr de La Tillade.

Armes : *Parti, au 1er d'argent, à un lion rampant de sable, armé et lampassé de gueules, à une étoile d'azur en chef; au 2° d'azur, à une aigle éployée d'or.*

Condéom. . . . . PINDRAY, sr des Groix.

Armes : *d'argent, à un sautoir de gueules; supports : deux sauvages.*

Fléat. . . . . POCQUAIRE, s^r de Jouchaud.

>Armes : *d'argent, à 5 fusées de gueules en fasce.*

Saint-Sever. . . POQUAIRE de La Tasnière.

>Armes : (ut suprà).

Les Fontaines. . POLIGNAC, s^r des Fontaines.

>Armes : *écartelé, au 1er d'argent, à 3 fasces de gueules; au dernier, d'argent; aux 2 et 3, de sable, au lion rampant d'or, lampassé de gueules, couronné et onglé d'argent.*

Médis. . . . . . . LA PORTE, s^r de Puyferrat.

>Armes : *d'azur, à une tour d'argent maçonnée de sable, surmontée d'autres 2 tours de même.* — Le dessin donne : *d'argent, au lion rampant et couronné de gueules.*

Saint-Simon. . POUSSARD, s^r d'Anguitard.

>Armes : *d'azur, à 3 soleils d'or,* 2, 1, *et en abîme à un pal vairé.*

Sainte-Gemme. PRÉVOST, s^r de Lisleau.

>Armes : *d'argent, à 2 fasces de sable, accompagnées de 6 merlettes de sable, ni pattées, ni becquées,* 3, 2, 1.

R

Saint-André. . . RABAINES, s^r de Mazerolles.

>Armes : *d'argent, à la fasce de gueules,* 6 *coquilles de Saint-Michel de même,* 3 *en chef,* 2 *et* 1 *(en pointe).*

Peyrefont.... RABAINES, s' de Briagne.

Armes : *d'argent fascé de gueules, à 6 coquilles de Saint-Michel de même, 3 en chef, 2 et 1*. — Le dessin donne : *d'argent, à 6 cotices de gueules, à 3 coquilles de... en chef*.

Semouzat.... RANSANES, s' de Charbon-Blanc.

Armes : *de gueules, à 3 mains d'argent, 2 et 1*.

Ars (Arces?).. RASTEAU, s' des Arnaux.

Armes : *d'azur, à 2 bâtons d'or en sautoir, accompagnés d'une étoile de sable* (sic) *en chef, de 2 étoiles d'argent aux côtés, et d'un croissant de même en pointe*.

Saint-Surin... RAVALET, s' dud. lieu.

Armes : *d'argent fascé d'azur, à 3 tourteaux de gueules posés 2 et 1*.

Brosse....... RESTIER, s' de La Traversière.

Armes : *d'azur, à 5 bandes ondées d'or*.

Germignat.... DE RIPPES, s' de Sable.

Armes : *d'argent, à une aigle éployée de sable, et 3 serres d'aigle de même, 2 et 1*. — (Le dessin ne donne que l'*aigle*).

Villars....... RIVERON, s' de Mizac.

Armes : *d'azur, au lion rampant d'or, lampassé de même*.

Torsé........ ROBILLARD, s' de Champagne.

Armes : *d'azur, à un lézard d'argent en pal, couronné d'or, cantonné de 4 étoiles de même*.

Barret........ ROBINET, sr de Champaignes.

Armes : *parti, au 1er de gueules, à la fasce en devise d'azur* (sic), *accompagnée d'une pomme de pin d'argent en chef, et l'autre en pointe; au 2e, aussi de gueules, flanqué en sautoir d'azur, accompagné d'une pomme de pin en chef et d'un lion rampant de même en pointe* (sic). — NOTA. Ces armes, faussement blasonnées, sont représentées de même dans le dessin. Le second parti porte un *chevron d'azur;* le lion de la pointe n'y est pas figuré.

Réaux........ ROCHEBEAUCOUR, sr de La Vignollerie.

Armes : *de gueules lozangé d'argent de 4 pals* (sic), *de 4 piles chacun.*

Consat....... DES RUCHAUX, sr de Rullon.

Armes : *d'azur, à 3 ruches de miel d'or.*

S

Saint-Quentin.. SAUNIER, sr du Petit-Mas.

Armes : *d'azur, à un chardon tigé et feuillé d'or, sur lequel sont deux chardonnerets pattés et becqués de même.*

St-Martin-d'Arry. SÉGUR, sr de Minsat.

Armes : *d'azur, à un lion rampant contourné d'or, lampassé de gueules; écartelé d'argent plein, à l'orle d'azur, chargé de 9 besans d'or, 4 en chef, 2, 2, 1.*

Lonzat........ SEYSSES, sr de Reutin.

Armes : *parti, au 1er écartelé d'argent et*

de gueules, chargé de 3 larmes d'argent renversées, 2 et 1, (sic). Ces armes incomplètes sont ainsi rectifiées par le dessin : parti, au 1er coupé d'argent et de gueules; au 2e, d'azur, chargé de 3 larmes d'argent renversées.

Saint-Thomas.. DE SIRAN, sr du Port.

Armes : d'azur, à un lion rampant d'or, armé et lampassé de gueules.

T

Dolus . . . . . . THIBAUD DE MÉRÉ.

Armes : de gueules, à 3 tours d'or, crénelées et maçonnées de sable.

Saint-Thomas.. TIZON DE SAINT-THOMAS.

Armes : d'argent, à 6 bandes d'azur en sautoir (sic).

Gressat. . . . . LA TOUSCHE DE GRESSAT.

Armes : d'or, à un lion rampant contourné de sable, armé et couronné de gueules.

Saint-Pierre-de-Royan. LA TOUCHE DE ROCHEFORT.

Armes : d'or, à un lion rampant de sable, armé de même, couronné et lampassé de gueules.

Peyrefond. . . TOYON, sr des Essards.

Armes ; d'azur, à une fasce d'argent accompagnée de 3 têtes d'homme d'or, 2 et 1.

Saint-Georges.. TRUCHON DE SAINT-GEORGES.

 Armes : *d'azur, à un chevron d'or accompagné de 3 étoiles de même en chef, d'une autruche aussi d'or en pointe.*

Guillonjard... TUSTAL DE SAINT-SORNIN.

 Armes : *d'azur, à 3 coquilles de Saint-Michel (d'or), 2 et 1, surmontées d'un chevron d'or et d'une étoile de même avec un lézard aussi d'or traversant le chevron.* — Le dessin donne seulement : *d'azur, à 3 coquilles d'or.*

V

.... LA VALADE de Saint-Georges.

 Armes : *d'azur, à un chevron d'or, 3 croissants d'argent, 2 et 1.*

Monsanson .. VALLÉE de Monsanson.

 Armes : *de sable, à un lion rampant d'or contourné, couronné de même, armé et lampassé de gueules.*

St-Hilaire-des-Coux.... DE VARS, s^r du Cluzeau.

 Armes : *d'azur, à 3 cœurs d'argent, 2, 1.*

St-Sorlin... VASSAL, s^r de la Naudinière.

 Armes : *d'argent, à un épervier d'azur, le vol abaissé, chaperonné et longé de gueules.*

Royan.... VASSELOT, s^r de Grandmaison.

 Armes : *d'azur, à 3 javelots d'or, 2, 1, et un guidon d'argent en abîme.*

Brossac . . . . VIGIER de laCour.

> Armes : *d'azur, à 3 fasces d'argent, à l'orle de gueules.*

Arvert. . . . . VIGIER de Treillebois.

> Armes : *d'azur, à une croix ancrée d'argent.* Le dessin donne la croix *engrelée.*

St-Vivien. . . . VILLEDON de Magezy.

> Armes : *d'argent, à 3 fasces de gueules en ondes.*

Pons . . . . . VILLEMUR de Mauvezin.

> Armes : *de gueules, à 4 pals d'or, à un lion rampant de gueules* (sic), *lampassé de même, armé de sable.*

. . . . DE VOYER de Dorée.

> Armes : *d'azur, à deux lyons léopardés d'or passant l'un sur l'autre, armés et lampassés de gueules.*

ÉLECTION DE SAINT-JEAN-D'ANGÉLY

A

Augeat . . . . AUBERT, sr de Bardon.

> Armes : *lozangé de gueules et d'azur, à la bande d'or brochant sur le tout.*

Frontenay . . . AUDOUARD, sʳ de la Domanerie.

    Armes : *d'azur, à 3 roses d'or, 2 et 1, surmontées d'un soleil de même en chef.*

B

Sonneville . . . BARDONIN de Sommeville (Sonneville).

    Armes : *d'azur, à 3 molettes d'éperon d'or, 2, 1.*

St-Jean-d'An-
gély. . . . . BARTHOUMÉ des Conches.

    Armes : *d'azur, à un cœur d'or, accoté à droite d'une flèche emplumée d'argent en pal, et à gauche d'une épée (du même), la garde en pal.*

Courcelles . . . . BARTHOUMÉ, sʳ du Château.

    Armes : (ut suprà).

St-Jean-d'An-
gély. . . . . BAZIN, sʳ de Fief-Limay.

    Armes : *d'azur, au chevron d'or surmonté de 3 étoiles de même en chef, soutenu d'une hure de sanglier aussi d'or en pointe.*

St-Jean-d'An-
gély. . . . . BAZIN de La Baraudière.

    Armes : (ut suprà).

St-Crespin. . . BEAUCORPS, sʳ de La Grange.

    Armes : *d'azur, à 2 fasces d'or.*

St-Fresne . . . BÉCHET, sʳ de Barge.

    Armes : *d'azur, au lion rampant d'or.*

Balan . . . . . BÉCHILLON, s^r du Laux (d'Irlaud).

Armes : *d'argent, à 3 fusées de sable en fasce.*

Colonges. . . . DU BOIS de St-Mandé.

Armes : *d'or, à 3 tourteaux de sable, 2 et 1.*

Courcelles . . . BOUSCHAUD de la Fosse.

Armes : *Une eau d'azur dans laquelle nage un (âne?) d'argent, à un bouchaud de même maçonné de sable à gauche, et 4 roseaux de sinople à droite, au chef, sur ladite eau, d'argent, à 6 étoiles de même* (sic), *4 et 2.*

C

St-Laurent de la Barrière. CALAIS, s^r de la Tournerie.

Armes : *d'azur, à 6 bourdons d'or mêlés de 2 coquilles de St-Michel d'argent.*

Migron . . . . . CÉRIS de Châteaucouvert.

Armes : *d'azur, à la croix alésée d'argent.*

Coisvert . . . . CASTELLO, s^r de Tesson.

Armes : *d'or, à 3 aigles éployées de sable, couronnées de même.*

Retz (Rex) . . . CHASTAIGNER, s^r de Lisleau.

Armes : *de sinople, semé de feuilles de châtaignier d'argent, au chef cousu de gueules.*

Amuré. . . . . . CHATEAUNEUF, sʳ de Chantoiseau.

>Armes : *d'azur, à une tour d'argent, maçonnée de sable, cimée de 3 autres tours de même.*

Frontenay . . . CHAUFEPIED, sʳ des Croizettes.

>Armes : *d'argent, à 2 bandes bretessées d'azur, au chef écartelé en sautoir, le premier* (sic) *de sable, à la croix d'argent.*

Ussaud. . . . . CHESNEAU, sʳ de La Rousselière.

>Armes : *d'argent, à 3 chiens de sable, 2, 1, au chef cousu d'or chargé d'une croix de Jérusalem de gueules.*

Villemorin. . . CHEVAILLER, sʳ de (Villemorin?).

>Armes : *de gueules, au croissant d'argent, au chef cousu d'azur chargé de 3 étoiles d'or.*

. . . . CHEVAILLER, sʳ de La Cour.

>Armes : *d'argent, à la tige de sinople feuillée de même, surmontée d'une couronne de gueules accostée d'une tête de chien à droite et d'une tête de cerf à gauche, le tout de gueules.* Nota que le dessin donne *ut suprà*.

Mons . . . . . CHEVREUIL de Romefort.

>Armes : *d'azur, au chevreuil de gueules* (d'or).

D

Migré et Saint-Quentin . . . D'ABZAT, sʳ de Mayat et autres lieux.

>Armes : nil.

Frontenay . . . D'AITZ, sʳ de Gautret.

>Armes : *de gueules, à la bande d'or, du lambel de même* (*à trois pendants*, suivant le dessin).

Usseau. . . . . . DESMIER, sʳ d'Olbreuze.

>Armes : *écartelé d'azur et d'argent, à une fleur de lis de l'un à l'autre.*

F

Preignat. . . . LA FAUX, sʳ de Chabrignat.

>Armes : *d'azur, à l'aigle éployée d'or, couronnée de même.*

G

La Vergne . . . GANDONIN, sʳ de Grateloup.

>Armes : *d'azur, au chevron d'argent accompagné de 3 étoiles de même, 2, 1, soutenue* (*la dernière*) *d'un croissant d'argent en pointe.*

Ains. . . . . . . GAUDIN, sʳ du Cluzeau.

>Armes : *d'azur, à 10 lozanges d'or, 3 en chef, 3 en pointe, 2 et 2.*

Bessines . . . . GOGAIN, sʳ de Presneau.

>Armes : *d'azur, à 3 chevrons d'or accompagnés de 3 pigeons d'argent, 2 et 1.*

Candé. . . . . . GOMMIER, sʳ de La Gâchetière.

>Armes : *d'azur, au sautoir alésé d'argent,*

surmonté d'une fleur de lis d'or. Supports : 2 lions.

. . . . GOUSSÉ, sʳ de Puybalon.

Armes : *Lozangé de gueules et d'or.* Supports : 2 *griffons.*

St-Pierre. . . . LE GRAND, sʳ de Courpeteau.

Armes : *de gueules, au lion rampant d'argent.*

Asnières . . . . LA GRANGE, sʳ des Fontaines.

Armes : *d'azur, au lion rampant d'or, lampassé de gueules, portant une colombe d'argent.*

St-Jean-d'Angély. . . . . GRIFFON, sʳ de La Richardie (Richardière?)

Armes : *de gueules, au griffon effaré d'or, ailé d'argent.*

Ste-Mesme. . . GRIFFON, sʳ de La Chaisnée.

Armes : (ut suprà).

H

St-Luzan? . . . HÉRISSON, sʳ du Vigneux.

Armes : *d'azur, à 3 roses d'argent,* 2, 1. Supports : 2 *hérissons.*

I J

St-Simphorien. JAU, sʳ de Chantigné.

Armes : *d'azur, à un coq d'or becqué, crêté et gorgeté de gueules.*

St-Savinien . . ISLE, s^r de Loyre.

    Armes : *d'argent, à 3 roses de gueules, feuillées de sinople, 2, 1.* Supports : *2 sauvages*; cimier : *tête de lévrier.*

Landes. . . . . DES JUIFS, de La Fontaine.

    Armes : *de pourpre, à 3 fusées d'argent couchées en fasce, rangées en pal.*

L

Macqueville. . . LASTRE, s^r du Bouchereau.

    Armes : *d'azur, à 3 tours d'argent, maçonnées de sable, 2, 1.*

Vanneau. . . . LEZAY, s^r de Vanneau.

    Armes : *d'argent, à 3 fasces de gueules accompagnées de 7 merlettes de sable, ni pattées, ni becquées, 2, 2, 2, 1.*

Tonnay-Boutonne. LIGOURRE, s^r de Luret.

    Armes : *de sinople, à une tige d'or ayant 3 branches de lis de même.*

St-Ouin. . . . LIVENNE, s^r de Laumont.

    Armes : *d'argent, à une fasce de sable frettée d'or; 2 étoiles de sable en chef, une en pointe.*

M

Tonnay-Charente. MACÈDE, s^r de Roqueville.

    Armes : *de gueules, à 3 fasces ondées d'argent, surmontées de 3 bezans d'or en chef.*

— 257 —

St-Jean-d'An- } MANCEAU, s⁻ de.....
gély. . . . . }

Armes : *d'argent, à un pin tigé et feuillé de sinople, chargé de 7 pommes d'or, 4, 3, surmonté d'un croissant d'azur.* — Le dessin ajoute : *et de 2 étoiles de même.*

St-Jean-d'An- } MESCHAIN, s⁻ du Bugnon.
gély. . . . . }

Armes : *d'azur, à 2 fasces d'or chargées de 5 roses de gueules, 3, 2, accompagnées de 5 coquilles de St-Jacques (d'argent?) aussi 3, 2, et d'un croissant de même en pointe.* — *Une aigle pour cimier; 2 enfants* (anges) *pour supports* (tenants).

St-Jean-d'An- } MESCHINET, s⁻ de.....
gély. . . . . }

Armes : *d'or, à un chêne de sinople chargé de feuilles d'or, et un lion de gueules rampant contre le pied du chêne.*

Tonnay-Boutonne. LA MOTHE-FOUQUET de St-Seurin.

Armes : *d'azur, à une fasce d'or soutenue d'un bezant de même en pointe.*

P

Le Pin. . . . . PALLET, s⁻ des Rousseaux.

Armes : nil.

St-Laurent. . . PASTUREAU, s⁻ de La Bucherie.

Armes : *de sinople, à 3 moutons d'argent, 2, 1.*

Q

Soubise . . . . QUEUX de Saint-Hilaire.

> Armes : *d'or, à 3 hures de sanglier de sable avec leurs défenses d'argent, posées 2 et 1.*

R

Boys. . . . . . . RANQUES, s^r des Granges.

> Armes : *d'azur, au chevron d'or accompagné de 3 étoiles de même en chef et de 3 larmes d'argent en pointe.*

Usseau. . . . . . REYNIER, s^r du Pin.

> Armes : *d'azur, à 3 coquilles de St-Michel d'argent, 2 et 1.*

Néré. . . . . . . ROCHIER, s^r de La Fontaine.

> Armes : *d'argent, à un rocher de sable au milieu d'un lion rampant de gueules à droite et d'un sauvage à gauche.* — Le dessin ne donne que le rocher.

Archingeay. . . . ROLLAND, s^r de Montmouton.

> Armes : *d'argent, à la croix de gueules.*

Ste-Mesme. . . . ROULIN, s^r de Sainte-Mesme.

> Armes : *d'azur, à 2 chevrons d'or accompagnés de 3 molettes d'éperon de même, 2, 1.*

Ains. . . . . . . ROUSSEAU, s^r de Fresneau.

Armes : *d'azur, à une tour d'argent maçonnée de sable, soutenue par 2 lions rampants d'or, armés et lampassés de gueules, 2 étoiles d'argent en chef, une en pointe.* — Le dessin ne donne pas les deux lions et dispose ainsi les 3 étoiles : *une en chef, 2 en pointe.*

S

Tonnay-Charente. SALBERT, s^r de Forges.

Armes : *d'argent, à 3 hures de sanglier de sable, 2, 1, un croissant d'azur en abîme* (*de sable,* suivant le dessin).

St-Georges. . . . SUIROT, s^r de La Barberie.

Armes : *Gironné de gueules et d'argent.*

T

Saint-Denis (du Pin). THIBAUD DU BELAY.

Armes : *de gueules, à 3 têtes de loup d'argent, 2, 1.*

Boys. . . . . . . THURY DES GRANGES.

Armes : nil.

Saint-Martin (de Juillers). TURPIN, s^r du Breuil.

Armes : *d'azur, à 3 bezans d'or, 2, 1.* Supports : *2 lions;* cimier : *une aigle éployée.*

V

Asnières..... VALLÉE, sʳ de Lagiraud.

Armes : *d'azur, à un chevron d'argent, surmonté d'un rocher de même, et 2 lions affrontés de gueules* (sic), *rampant contre le rocher, une étoile d'or en pointe.*

LISTE DES NOBLES

Qui furent maintenus par MM. de Marsillac et Benoist, lors de la recherche des années 1598 et suivantes, et dont les noms ne figurent pas dans la *Maintenue* d'Aguesseau (1).

ÉLECTION DE XAINTES.

René ARNAUD, sʳ de Luchat, paroisse dudit lieu.
Jean et Marc DU CHEVIN (peut-être pour du Chemin?), sʳ de.....
Jean DU CHESNE, sʳ du Chastenet, paroisse dudit lieu.
François COMBAUD, sʳ de La Combaudière, paroisse de N.-D. d'Oleron.
Jean CIRET, sʳ de Saint-Fort, paroisse.
Nicolas DEXMIER, sʳ de Beauregard, par. de Resteau.
Magdelène DE MAUBÉE, vᵉ de Gaspard Desmier.
Jacques DE SAU, sʳ du Pin, paroisse.

(1) Le lecteur pourra observer néanmoins que certains noms sont communs à la *Table* précédente et à la présente liste qui d'ailleurs a été aussi extraite du registre de la *Maintenue* de 1666, où elle avait été placée en appendice.

Alvin FAUCHER, s^r de Boisseguin, par. de Nevillars.

Alexandre FEYRE, s^r de. . . . .

François DE GORSON, s^r de Beaulieu, par. de Corme-Royal.

Pierre GUICHARD, s^r de Mariebou, par. de Corme-Royal.

Charles DE GUYNADEAU, s^r de Migrounaud, par. de Chaniers. (Guynaudeau?)

Raymond DE GUIMEUSE, s^r de La Magdelaine, par. de Saint-Martin-d'Arry.

Charles JUILLARD, s^r de Lage, par. . . . .

René et Étienne DE JAGONNAS, s^{rs} de Tain, par. de Tain.

Guy LA JOUSSE, s^r de Chillat, par. dudit lieu.

Jean LAMY, s^r de Croix-de-Vère, par. de Saint-Ciers.

Jean DE MONTERMY, s^r de La Garde, par. Saint-André-de Lidon (Monfermy?).

Antoine, Jean, Joseph et Simon DE MONGUILLARD (Montgaillard?), par. de Villars, Tesson, Meusat (Meursac?), et Dollat (Dolus?) en l'île d'Oleron.

Guy MARTIN, s^r du Breuil, par. de Rouffignac.

Gedon (Gédéon?) MÉHÉE, s^r de Lestang, par. de. . . . .

Anne DE MONTAIGNE, par. de Saint-Germain-du-Seudre. (Mortaigne?)

Côme DES MARÊTS, par. d'Orignoles.

Jean DE MONTAULE, dit le capitaine Castelnaud.

Pierre NICOLAS, s^r de La Cigoigne, par. de Sandreville.

Jean PESNEAU, s^r de La Tour, par. de Niel (Nieuil?).

Pierre PEPIN, s^r de Frédouville, par. d'Espaigné (*sic*, peut-être pour Saint-Eugène?).

Jean et autre Jean DE PAUCAIRE, s^{rs} de Colonges et de Saint-Sever, par. de Saint-Valbert (Saint-Vallier?).

Amé DUPUY DE BRESMOND, s^r de Pommiers, par. dudit lieu.

Samuël DE LA PORTE, chastellenie de Barbezieux.

Michel DE PRESSAT, s^r de La Chèze, par. dudit lieu.

Julien DE PREAX (Preaux?), s^r de Saint-HIPPOLYTE, par.

François DE LA ROCHE, s^r de Salignat, par. dudit lieu.

François PONTHON DE LA ROCHE, s^r de. . . . .
Pierre SAULNIER, s^r de Razès, par. Saint-Georges-des-Coteaux.
Pierre TUFFEREAU, s^r de Baigne, par.
Jean DE LA TOUR, s^r de. . . . .
Gabriel, Claude, Joseph et Aman DE LA THORE (Thour?), s^rs de. . . . .
    La Touche-Longue, par. de Saint-Pierre-de-Salles, en Marennes. (Cet *alinéa* semble n'être que la suite du précédent).
Jean de SOUSMOULINS, par. d'Ollus.
André DE VALENDES, s^r d'Ardennes, par. dudit lieu.

ÉLECTION DE SAINT-JEAN-D'ANGÉLY.

Nicolas BÉRENGER, s^r de. . . . .

ERRATUM.

Le nom suivant a été omis dans la liste de la *maintenue* d'Aguesseau pour l'élection de Cognac, où il aurait dû être placé en tête de la lettre G, page 95 de *La Noblesse d'Angoumois en 1635*.

St-Cibardeaux GEOFFROY, s^r des Bouchaux.
    Armes : *de gueules, à 2 chevrons d'or.*

TABLE DES MATIÈRES.

Montre des Gendarmes de Renaud de Pons (1350) 1
Ban de la sénéchaussée de Saintonge (1553) 7
Rôles de la compagnie des Gendarmes du duc d'Épernon (1616). 33
Capitation des Nobles et des Privilégiés de l'élection de Cognac (1745). 49
Errata pour *La Noblesse d'Angoumois en 1635* 67
Capitation de l'élection de Saintes (1750-1751) 69
Capitation de l'élection de La Rochelle (1749-1750) 125
Capitation de l'élection de Saint-Jean-d'Angély (1750) . . . 160
Capitation de l'élection de Marennes (1750) 204
Capitation de l'élection de Barbezieux (1762) 211
Table héraldique des Nobles des élections de Saintes et de Saint-Jean-d'Angély, maintenus par d'Aguesseau (1667) . . . 229

Saint-Maixent, Typ. Ch. Reversé.

www.ingramcontent.com/pod-product-compliance
Lightning Source LLC
Chambersburg PA
CBHW050639170426
43200CB00008B/1077